María Antonieta Collins fue, durante casi veinte años, presentadora del *Noticiero Univision Fin de Semana* y el programa *Aquí y Ahora*, donde tuvo la oportunidad de cubrir los eventos más importantes de la última década. Más recientemente fue la presentadora del programa *Cada Día con María Antonieta* en Telemundo.

Ha recibido numerosos premios incluyendo dos Emmys y el premio Edward R. Murrow en 1997. Sus libros, *Dietas y recetas*, *¿Quién dijo que no se puede?*, *Cuando el monstruo despierta*, *En el nombre de comprar, firmar... y no llorar* y *Dijiste que me querías* encabezan las listas de bestsellers en todo el país. Vive en Miami.

Cómo lidiar con los ex

Cómo lidiar
con los ex

Hombres, mujeres... y fantasmas del pasado

María Antonieta Collins

Una rama de HarperCollinsPublishers

Este libro fue escrito con la única intención de ser una fuente de información.
La información aquí contenida no pretende en ningún momento reemplazar las decisiones, los
consejos o el juicio de un abogado o cualquier otro consejero profesional, quien debe de todos
modos ser consultado antes de implementar cualquier consejo contenido en este libro.

Diseño del libro por Jennifer Ann Daddio

RAYO, PRIMERA EDICIÓN EN PASTA BLANDA, 2009

ISBN-13: 978-0-06-172492-3

09 10 11 12 13   ❖/RRD   10 9 8 7 6 5 4 3 2 1

Índice

x

Índice

Prólogo
por el Padre Alberto Cutié

Todos tenemos un pasado—y aunque no es aconsejable vivir agobiado por él—no cabe duda que nuestro pasado afecta como vivimos el presente y el futuro. Una parte importantísima del pasado son las personas con las que nos vamos relacionando a lo largo de la vida. Y cada día estoy mas convencido de que cada persona que entra en nuestras vidas nos afecta, positiva o negativamente.

En mi labor sacerdotal, creo que no exagero si les cuento que más del 90% de mi trabajo se desarrolla tratando con personas afectadas con algún tipo de relación humana, especialmente, relaciones con problemas o fracasadas. Muchos piensan que los curas solo tratamos temas del más allá: La salvación, cómo llegar al cielo y evitar el infierno—pero se equivocan. Precisamente son muchos los que encuentran un "infiernito" o un buen "purgatorio" en sus relaciones problemáticas. Aquí es que entran los famosos "ex".

Un día conversaba con una madre soltera que me contaba lo difícil que era criar a su hijo sin la ayuda de un hombre—la figura paterna. Cuando le pregunté qué fue lo que le pasó al padre de su hijo, me comenzó a contar su tragedia matrimonial. Pero su comentario final fue lo más interesante. Recuerdo que me dijo: "Padre, por lo menos ahora somos amigos, cuando vivíamos juntos nos tirábamos los platos, nos odiábamos."

Para un gran número de personas, la historia no termina tan positivamente. Los ex pueden ser un obstáculo el resto de la vida, especialmente si no se aprende a enfrentar la vida con una buena dosis de paciencia, sentido común y esperanza.

En este libro, mi querida y respetada colega en los medios de comunicación, María Antonieta Collins, ofrece muy buenos consejos para quienes se enfrentan a la vida con la sombra de un ex. Con su característica chispa y buen humor, María Antonieta nos presenta su quinto libro. Ya sus lectores la conocemos por su gran capacidad de compartir experiencias vividas en carne propia y su sabiduría femenina, las cuales expresa en un lenguaje coloquial y 100% latino.

En *Cómo Lidiar con los Ex* tenemos una guía clara y sincera sobre lo que cada persona puede hacer cuando busca liberarse de la carga pesada que deja una relación difícil del pasado.

No Hay Quinto Malo

Corría el verano del 2004 cuando plácidamente pensaba sobre el tema del que sería mi quinto libro. ¿De que más podría escribir narrando mi propia experiencia? En mis cuatro libros anteriores escribí sobre como acepté y encontré la salida para mi gordura de cuarenta y seis libras; también sobre la obesidad y posterior redención de mi hija mayor, y sobre los que nos siguieron en el intento de adelgazar. Más tarde escribí sobre la violencia entre adolescentes luego de haber salvado a mi hija menor de una relación violenta y abusiva, y por último, también escribí sobre el desastre económico que produce el mal uso de las tarjetas de crédito y como vencer el hábito de tenerlas. En realidad pensé que luego de todas esas aventuras sería difícil hallar algo atractivo para contar al lector... ja, ja, ja.

Lo que ignoraba es que mi vida, (que como dice mi amiga la

Chata Tubilla de Coatzacoalcos, México) parece una telenovela que se escribe día a día, me tenía deparada una aventura con personajes protagónicos y antagónicos, rociados de la dosis con la que se revisten las peores telenovelas mexicanas—que no entiendo porque les va tan bien pero que son todas malas, muy malas, de verdad.

Casada hace casi una década con Fabio Fajardo, de pronto fuimos sacudidos por la presencia inesperada de quien nunca durante este tiempo formó parte de nuestra fotografía familiar: la primera de sus dos ex esposas, una rusa, que un buen día de julio del 2004 se apareció por Miami para hacernos miserable la existencia, por las situaciones inverosímiles a las que nos tendríamos que enfrentar a causa de ella.

El personaje, que había desaparecido de la vida de mi marido hacía más de trece años reaparecía desde su natal Rusia...Así de raro y así de lejano. Además, no venía sola, sino con la hija de ambos, a la que el padre había mantenido económicamente desde que nació, pero con quien la madre había evitado que tuviera contacto. Llegaron vaticinando a lo que venían y mi vida se convirtió en un infierno y sin mucho que hacer para remediarlo. Hubo dos sopas: la de fideos y la de jodeos...y la primera se había terminado. ¿Qué me quedaba por hacer? En última instancia dejar todo, inclusive separarme de Fabio que parecía sumido en la desesperación. Por un lado, él estaba en medio del deber mal entendido de soportar las agresiones de su ex esposa "por los hijos," por el otro, estaba yo defendiéndome de los ataques injustificados de ella. En cuestión de días, nuestra casa, y nuestra relación se convirtió en una pesadilla.

Fue un momento crítico en casi una década, donde todo estuvo a milímetros de terminar para siempre. "Eso sucede en casi el noventa por ciento de los casos," me dijeron mis amigos Jaime Escandón y Mary Díaz. "Tienes que luchar con inteligencia. Lo que sucede, es que nadie habla de los problemas en sus relaciones, y no abren la boca hasta que ya no hay remedio y se separan. Nosotros creemos que todo tiene solución con Fabio, quien te quiere mucho, y no tiene nada que ver con la ex esposa. Entonces, te esperan dos tareas: una, no dejarte vencer, y la otra, escribir un libro sobre toda esta dolorosa y frustrante experiencia. Además, ¿quién en esta vida no tiene un ex? Si tú nos cuentas con tu estilo lo que has pasado, seguramente nos reiremos, lloraremos y encontraremos al final la lección de la que nadie habla."

Decidí seguir los consejos de Jaime y Mary. ¿Fue fácil? ¡De ninguna manera! ¿Valió la pena? ¡Por supuesto que sí! ¿Lloré? ¡Uy, muchísimo! Tanto, que ese llanto derramado por la rabia, la indignación y la impotencia lo transformé en fuerza para no ser vencida. Y al final, cuando menos me lo imaginé, ayudada por amigos y comadres, pude salir adelante.

Una tarde, y luego de que el "vendaval ruso" se marchara de Miami, le contaba por primera vez la odisea a Raúl Mateu, mi agente y amigo. Su mirada escéptica de Mona Lisa, la misma que me lanza cuando le estoy vendiendo un proyecto complicado, me hizo salir adelante. "Me preocupa el tema porque siempre has sido optimista en tus libros, y me pregunto: ¿de qué forma puedes serlo con un tema tan problemático como un ex? ¿De qué forma hay solución?" De aquella plática con Raúl Mateu, a que René Alegría, el editor de mis últimos libros se enamorara del proyecto transcurrieron pocos meses. René cayó subyugado con otra de mis "panchoaventuras" hecha libro…Y aquí está. No es una venganza contra nadie. Como sus cuatro hermanos literarios, hijos de la misma madre, *Como Lidiar con los Ex*, Hombres, Mujeres y Fantasmas del Pasado, cree en las soluciones escritas que surgen cuando un espejo retrata los problemas que vivimos la gran mayoría. Es la clasificación extra oficial de lo que son los ex de todos los tipos, colores y sabores…Y es algo más: mi talismán de la buena suerte que pende del favor del público…y de que, como dice el refrán: No hay quinto malo.

Cómo lidiar con los ex

1

From Russia With Love

Me quedé con la boca abierta.

Mejor dicho, como la letra de una canción ranchera de Pedro Infante... "Si tus miradas fueran puñales, me matarían con sólo mirar...tan...tan." La soviética, rubia, menuda, con rastros de haber sido bonita, me miraba fijamente con esos ojos que no se necesitaba ser Walter Mercado para adivinar que querían borrarme instantáneamente de este mundo.

Parada junto a Fabio Fajardo, mi marido, en el Aeropuerto Internacional de Miami, no entendía nada de lo que sucedía, especialmente porque hasta aquel 2 de julio de 2004, parecía que el verano transcurriría igual a los otros nueve que Fabio y yo habíamos pasado junto a nuestra familia inmediata, nuestros tres hijos, Antonietta, Antón y Adrianna, y sus problemas; Adys y Fabio, mis suegros, y la cada vez más popular de las cuñadas, Ines Marina,

"Yuyita," quien ha estado al tanto en los últimos seis años de todas las aventuras de mi vida periodística y de mis libros. En fin, que fuera de algún chisme sabrosón, nada más iba a alterar nuestra existencia.... *Yeah, right!* ¡Sí, cómo no! Pero la vida me tenía preparada una sorpresa.

Cuando Fabio y yo nos conocimos en octubre de 1995, de inmediato me contó por completo la "parte caucásica" de su historia personal. Muy joven se fue a estudiar ingeniería a Rusia. Ahí conoció y se casó con una rusa con quien tuvo dos hijos y de quien hacía más de cinco años estaba divorciado. A mi favor estuvo el hecho de que rápidamente conocí a Antón, su hijo mayor, a quien idolatra y que orgullosamente es producto del esfuerzo y dedicación total de su padre, que ha hecho al mismo tiempo de madre, y padre, y al que trajo en la misma balsa en la que llegó junto con su sobrino Jorge Rey Fajardo a las costas de la Florida, cuando el niño tenía sólo trece años de edad. Antón Fajardo es hoy un adulto sin complejos ni rencores y un profesional exitoso en el mundo de las computadoras. Por todo esto, es que en nuestro esquema familiar, la presencia de la ex esposa rusa ni remotamente significaba un problema. ¿Cómo iba a serlo si nunca estuvo involucrada? Y más aun, cuando por decisión propia se quedó en su país a tener otro hijo de Fabio que de acuerdo a ella debería nacer únicamente en Rusia sin importar que el padre no estuviera ahí. Por esta poderosa razón fue que Fabio y Antón regresaron solos a Cuba en 1990, y que tres años después ambos vendrían sin ella y sin la bebé, a vivir en el exilio en Miami. En los años posteriores y hasta el día de hoy, la ausencia total de esa mujer en el círculo familiar de los Fajardo la fue disolviendo hasta hacerla prácticamente inexistente... justo y preciso hasta aquel momento cuando Fabio muy serio me esperaba para hablarme de algo:

"La rusa viene" me dijo de golpe y porrazo.

Más desorientada que un chino en medio de un funeral griego respondí: "¡Ay que bueno! ¿Cuál rusa?"

"La madre de Antón," me dijo sin más.

"¿Y cómo?"

"Bueno, Antón quería ver a su madre y ésta viene con mi hija a quien yo tampoco he visto en años."

Aunque no entendía absolutamente nada, mi instinto presentía lo que se avecinaba.

Los que siguieron fueron días de negros presentimientos. Era el temor de enfrentarme a la desconocida, aunque pensando las cosas con calma, si alguna puede tenerse en esos momentos. En realidad, para Antón era la oportunidad de tener una relación más real con su madre, y para Fabio también era el momento de conocer a una hija a quien siempre había sostenido económicamente, pero con la que nunca había tenido una relación cercana por la actitud de su madre. Pero nada de eso era asunto que me incumbiera porque no tenía que ver conmigo. ¿De qué tenía que preocuparme, si al fin y al cabo entre Fabio y su ex rusa no existía el menor contacto ni la menor pizca de relación? Además, no en balde Fabio y yo llevábamos nueve años juntos, muchos más años de convivencia de los que tuvo con ella. Y algo más: entre su divorcio y nuestro matrimonio hubo otro brevísimo episodio matrimonial (del que hablaré más adelante en el capítulo correspondiente). Después de todo esto, ¿qué habría de extraño en un reencuentro como ese?

Con semejantes reflexiones y un sinfín de preguntas sin respuestas, llegó el gran día del arribo del personaje. De inmediato supe que mis temores no fueron infundados porque las visitas no llegaron libres de problemas sino todo lo contrario. Luego de un retraso de ocho horas en el que Antón, Fabio y yo estuvimos esperándoles, finalmente aparecieron. Nos levantamos felices de verlas salir de la aduana. Antón abrazó a su madre, Fabio a su hija y cuando llegó el momento de presentarme, aquella mujer de inmediato me clavó una terrible mirada de odio, y volteó la cara hacia otro lado. Por su parte la niña, tampoco respondió a mi saludo cuando el padre me la presentó. Dejaría de ser la reportera que soy si lo hubiera pasado por alto.

Y ahí comenzó la guerra silente del personaje en mi contra. Del aeropuerto nos fuimos a casa de mis suegros, que muy emocionados conocieron a su nieta, aunque no podían comunicarse con ella, ya que la madre, perfectamente bilingüe en español no le había enseñado el idioma de su familia cubana, pero sí la había mandado a estudiar inglés y francés. En medio de aquella algarabía tuve la segunda andanada. Traté nuevamente de hablar con la niña y ésta otra vez me volvió a voltear la cara. La madre por su parte también me dejó con las ganas de platicar. Confundida y enojada intenté llamarle la atención a Fabio quien por supuesto, aunque sabía lo que pasaba, prefirió ignorar todo: "Cuando pasen los días voy a hablar con ellas, hoy es muy pronto porque apenas han llegado y no quiero que lo tomen como una agresión de mi parte."

Comparando con lo que yo hubiera hecho con alguna de mis hijas si se hubiera atrevido a hacer algo semejante, tuve que aceptar que cada cabeza es un mundo y que la de mi marido no era un dechado de cordura precisamente. Era cierto, acababan de llegar y quizá con los días—como Fabio decía—las cosas mejorarían. Pero sucedió todo lo contrario. Al día siguiente en nuestra casa, les preparamos un barbecue familiar de bienvenida. Cuando el personaje llegó, de inmediato fui a recibirlas a la puerta como buena anfitriona... únicamente para encontrarme que pasaron por mi lado

¡como si no me hubieran visto! Ahí sí que el vendaval ruso se topó con la furia mexicana. En otras circunstancias hubiera sido el acabóse, pero en ese momento no pude hacer nada más que tragarme otra vez su grosería. No entendía cómo, una mujer adulta como ella, sin un solo rastro de buenos modales podía llegar a una casa e ignorar a la anfitriona. Está bien, nunca esperé que me felicitara por la decoración o que me pidiera una receta de cocina y me ayudara a atender a los invitados... Pero, ¡qué va! Aquella violencia pasiva de ella hacia mí no tenía sentido. Otra vez pensé en Antón, quien ya de por sí se encontraba muy sensible ante la posición de una parte de la familia que cuestionaba tantas cosas del pasado con la súbita llegada de la agresiva mujer.

En aquella reunión, un grupo de parejas amigas que habíamos invitado al evento no podía creer lo que estaba viendo. ¿Cuál era el motivo de la actitud grosera de las visitantes hacia mí, que únicamente era la esposa de su ex marido y que no tuve absolutamente nada que ver en la separación de ellos?

"¿Porqué esa niña te mira con tanto odio?" preguntaron Rosi Scheleske y Mary Díaz. "¿Qué puede haberle dicho esa señora a la niña para que ella, recién llegada a la casa de su papá tenga ese comportamiento? Observa como se comporta diferente con nosotras o con nuestros hijos con quienes habla perfectamente en inglés, pero cuando tú te acercas te mira fijamente con rabia..."

No tuve la respuesta porque nadie me la daba. Nuevamente Fabio intentó calmarme cuando estaba por explotar. Tenía razón, apenas era el segundo día de estancia, y quizá con los días las cosas cambiarían. Pero en realidad mis temores eran otros si las cosas habían sido así desde el primer momento, ¿cómo sería después? La respuesta fue sencilla y directa: El resto de los dos meses fueron i-ni-ma-gi-na-bles. Hice todo lo que pude. Lo bien hecho y lo fallido,

y me explico mejor. En ese entonces, mi trabajo como presentadora del *Noticiero Univisión Fin de Semana* complicaba significativa-
mente las cosas. ¿A qué hora ocurrían las reuniones familiares?
Pues los sábados y los domingos mientras yo me encontraba trabajando de dos de la tarde a doce de la noche. En el horario que la
gente normal que trabaja de lunes a viernes se reúne para comer o
cenar durante el fin de semana, lo que teóricamente me tenía ale-
jada de aquellos eventos.

Era la Envidia de la Mujer Maravilla

Dije teóricamente, porque enfrentada por primera vez a semejante
situación, lo mío se convirtió en un vía crucis, ya que decidí que no
le daría la oportunidad a aquella mujer de sentir que me había ganado la partida y que podía ocupar un lugar que sólo me correspondía a mí. ¿Qué la reunión con la rusa era un sábado o un
domingo por la tarde? De más está decir que "SuperCollins" hacía
lo imposible para estar ahí sin importar lo que tuviera que hacer.
La mujer maravilla hubiera envidiado mis habilidades para salir
corriendo en cuanto caía el último segundo del noticiero para llegar rauda y veloz a casa de mis suegros. Ahí escogía el sitio estraté-
gico para sentarme tomada de la mano de *mi* marido, quien a veces
accedía y otras simplemente se enfadaba ante la situación mientras
la rusa sonreía maquiavélicamente. De más está decir que a las dos
semanas, todo aquello se convirtió en un infierno desgastante para
los involucrados. Fabio me recriminaba mi actitud y yo le peleaba.
La rusa provocaba, la rusita hacía su parte para provocar más problemas, y la guerra no solo estaba en Irak, sino en pleno corazón de
Westchester, en Miami, donde vivíamos. Al tercer o cuarto día de

varios intentos fallidos por socializar, llegué a casa de mis suegros y encontré a madre e hija a la entrada.

"*Hi Ana, how are you?* le dije a la niña. Hola señora, buenas tardes," le dije a la madre. Alcancé a escucharle un comentario en ruso a la niña que sin responder a mi saludo me dio la espalda. Respiré profundo y le hice notar a la madre la actitud de su hija: "Ella no la entiende. No habla español." "Que pena," le aclaré rápidamente "porque se lo pregunté en inglés y no en español." Al verse descubierta la mujer calló también y se metió en la casa. Más claro que el agua: la guerra era contra mí directamente. Pero en mi mente no cabían las razones que podría tener para agredirme.

La Otra Cara de la Moneda

Pero como toda moneda tiene dos caras, la manera de pensar de Fabio era diferente:

"Para mí no pasaba nada porque era una historia tan vieja como Matusalén. No me podía caber en la cabeza que tú fueras a sentir celos de una ex esposa a la que no había visto en catorce años. Tampoco pensaba que de la parte de ella fuera a haber el tipo de comportamiento que me decías. Simplemente no me daba cuenta de que te estuviera agrediendo."

Dejé eso de lado y seguí intentando arreglar las cosas a mi manera, como yo hubiera reaccionado si alguien lo estuviera atacando a él. Por lo pronto decidí decirle a Fabio lo que me hacían en el momento mismo en que sucedía, lo que por lo seguido de los ataques complicó segundo a segundo la situación entre nosotros, ya que en el medio estaba Antón, quien nuevamente era víctima de una situación con la que intentaba lidiar sin saber cómo. Tiene la apariencia física del padre y fue criado muy cubanamente. Sin embargo, su lado ruso trata de no mostrar mucho sus sentimientos, siendo de todos modos un muchacho cálido al que todos estamos de acuerdo que siempre le hizo falta el cariño y la presencia de la madre. Algo que yo nunca entendí, ya que para mí no existe la excusa para abandonar a un hijo pequeño, aun cuando estuviera con un padre como Fabio Fajardo y una familia como la de ellos, en donde el afecto y las atenciones siempre fueron abundantes a pesar de los malos tiempos de escasez.

"Lo que no acabo de entender," me decía mi cuñada Yuyita, "es ¿qué tiene en la cabeza esta mujer para tratarnos a todos así? Nos trata con menosprecio, como si fuera superior y como si valiera más que todos nosotros. Después de tantos años en que no tuvo contacto, ahora no es capaz de llegar con una actitud de agradecimiento por haberle criado a su hijo y haberlo hecho un hombre de bien. Tú no eres la única que ha sido agredida, a mí también me ha dicho cosas que me indignan. Como madre me ofendió lo que le dijo a Jorgito mi hijo luego de casi quince años de no verse. Lo saludó diciéndole: 'Se ve que el capitalismo te ha cambiado, estás más blanco que en Cuba.' ¿Qué es eso? ¿Cómo es posible que tú saludes así a una persona? Así que no te sientas mal. Lo que sucede es que ella siempre ha sido grosera, y para eso no ha perdonado a nadie, ni siquiera a mi nieta, una niña de seis años. Al conocerla, en lugar de preguntarme, ¿Cómo está? ¿Cuántos años tiene? me dijo: 'En las fotos se ve risueña, pero en realidad es una niña seria.' ¿Tú sabes lo que sentí como abuela? Además, que mi nieta no podía reírse porque la niña se acababa de fracturar la clavícula y estaba adolorida y enyesada. ¿Por qué no me preguntó como se había accidentado en lugar de decirme semejante tontería?"

Pero Yuyita no paró y siguió contándome más cosas dolorosas de la que alguna vez fue su cuñada, que todavía la herían.

"Cuando aún estábamos en Cuba, a mí me dolía mucho cuando Antón siendo un niño de diez años, con la foto de la madre en la mano lloraba y le decía por teléfono: 'Mami, ven que yo te necesito.' Ella no hacía nada, y decía que no podía ir a Cuba donde había mucha hambre porque no iba a hacer pasar hambre a su otra hija que era una bebita. Entonces, yo me preguntaba: ¿Acaso Antón no es tan hijo de ella como la otra y sí puede pasar hambre? Ella incluso llamó un día a mi mamá y le preguntó que si era verdad que los niños estaban mal y recuerdo que mi mamá le dijo: Es verdad que tenemos muchas carencias y necesidades, pero con mucho esfuerzo vamos 'resolviendo' y tú sabes que en esta familia somos muy 'luchones.' En esa lucha diaria nunca faltó el día que mi hijo Jorgito o el mismo Fabio, mi hermano, fueran al mar y por lo menos regresaran siempre con algunos pescaditos. De haberse regresado a Cuba junto a su esposo y Antón, su hija Ana y ella misma nunca se hubieran acostado sin comer."

En base a estas reflexiones y a otras que conocen y callan, Laura y Camilo Egaña, Miriam Leyva (madre de Laura y suegra de Camilo) y Jorgito, el sobrino de mi esposo, formaron el bloque familiar al que debo el cariño más grande y el apoyo más grande, aunque poco pudieron hacer. Laura entonces fue quien hizo la más importante reflexión: "Yo sé que al igual que entonces, el más perjudicado y a quien más afecta la situación con la madre es a Antón, pero cuando veo las groserías que hace esta mujer, es cuando uno se pregunta: ahora que el muchacho tiene veinticinco años viene a visitarlo durante dos meses en el verano, a un departamento en Miami Beach con vista al mar, a vivir la buena vida sin siquiera hacer el esfuerzo de ser amable con los demás. ¿Por qué no lo visitó en Cuba en los años que él más la necesitaba?"

Todos los cuestionamientos me dieron otra perspectiva: si el pleito era de ella contra mí, entonces habría que enfrentarla, pero eso sí, sin dañar al muchacho que estaba por su parte callado, enfrentando al personaje por sí solo. Mi pregunta sin embargo, era la misma: ¿Qué tengo que ver yo en todo este odio que la tiene dando golpes a diestra y siniestra? ¿Qué tengo que ver? Nada, absolutamente nada.

Con un Piano a Cuestas

Los razonamientos y buenos deseos estaban de más porque todavía me faltaban muchas más situaciones difíciles por vivir. Casi dos semanas después de haber llegado, y mientras Fabio comenzó a aumentar el número de viajes de negocios, lo que lo dejaba fuera de aquella guerra, algo vino a dar una luz de esperanza de que las cosas mejorarían entre su ex y yo. Resulta que mi marido iba a cumplir cincuenta años y yo le estaba organizando una fiesta especial. Andaba con mis cuñadas, Yuyita y Berta Collins, y con Antonietta, mi hija, por la bahía de Miami buscando un lugar adecuado cuando sonó el teléfono de Yuyita: "Es Ana aunque no le entiendo nada de lo que dice porque no habla español y yo no sé inglés. Parece que algo grave está pasando en la playa."

Sin importar nada más le arrebaté el teléfono para hablar con la niña que se escuchaba más y más angustiada: "Están sonando las alarmas de incendio aquí en el edificio. Hay fuego en el departamento de arriba y me vinieron a decir que salga rápidamente."

"¿Dónde estás?" le pregunté aterrada.

"En las escaleras de emergencia, pero no sé que hacer ni a donde debo ir."

"¿Dónde está tu mamá?"

"No sé. Salió al gimnasio y no ha regresado."

"¿Has hablado con Antón?"

"No contesta su teléfono."

Le pedí que tuviera calma, que saliera a la calle y le dije que allí esperara por nosotras.

En el camino que tomó casi media hora, íbamos preocupadas por la niña y la llamamos por el celular repetidamente para calmarla. Así nos enteramos que seguía en las escaleras de emergencia, que no encontraba la salida y que todavía la madre y ella no se habían comunicado. Finalmente llegamos y a la entrada del edificio los conserjes nos informaron que el incendio había sido controlado y que todos los residentes ya se encontraban en sus departamentos. Había ocurrido justo arriba de nuestro departamento donde a un vecino se le olvidó apagar una sartén con aceite. Ardió la estufa y los sistemas hidráulicos antiincendio hicieron sonar las alarmas. Al vernos, Ana abrazó muy cariñosa a su tía y de forma sorprendente también me abrazó.

"Mi mamá no ha llegado porque no sabe lo que ha pasado." Yuyita sugirió que ella y Berta irían a buscarla para contarle lo sucedido y que Antonietta y yo nos quedáramos con la niña quien seguía asustadísima y quien dejó que la abrazara para calmarla. Bastaba imaginar el terror que había vivido en un país extraño, sin poderse dar a entender en español, para olvidar cualquier ofensa que me hubiera hecho anteriormente. Hora y media después y luego de que Yuyita y Berta se dieran por vencidas para encontrarla, finalmente la madre apareció, y mientras la niña en ruso le explicó porqué estábamos ahí, ella en un español perfecto sólo alcanzó a decirnos: "No pasa nada. Ella lo exageró todo porque es una Fajardo."

No le di tiempo para que me hiciera una grosería, me despedí rauda y veloz y dejé a Yuyita hablando con su ex cuñada. Ya en el camino de regreso a casa, Yuyita recibió una llamada en un perfecto español, que de inmediato me pasó: "Gracias por haber venido cuando mi hija les dijo lo que pasaba. En realidad no era necesario porque ya investigué que no hubo peligro, pero ella es así y cualquier cosa pequeña la hace grande. De cualquier forma, muchas gracias por haber venido." De sobra está decir que le respondí que no tenía que agradecerme nada, que soy madre y que además ese era mi deber como esposa de Fabio."

Cuando colgué, todas a bordo del auto analizamos lo que había sucedido. Habían sido las gestiones de mi angustiada suegra Adys Fajardo—quien hasta el momento había permanecido callada en medio del vendaval—las que surtieron efecto. "Mami llamó a la rusa para pedirle que te agradeciera el gesto de salir corriendo a ayudar a Ana dejando todo lo que estabas haciendo, aunque lo más importante es que con esto, seguramente ellas van a dejar de ser groseras y las cosas se van a componer, ya verás." Esa noche yo también pensé lo mismo, y por primera vez cuando Fabio me habló de larga distancia desde Colombia donde estaba trabajando, finalmente pude darle una buena noticia al contarle lo sucedido.

Al día siguiente Antón también me llamó para agradecerme lo de su hermana, y para pedirme algo más: "Ana estudia piano y necesita practicar durante todo el tiempo que esté aquí. ¿Podrías prestarle el tuyo y ayudarme a llevarlo al departamento de la playa?

Me es imposible salir de la oficina ya que acabo de comenzar en este trabajo nuevo."

Por supuesto que mi respuesta fue un sí rotundo. Mi actitud de inmediato fue de cooperar con él para que sintiera mi apoyo y sobre todo, para que cualquier resentimiento que hubiera tenido se acabara de una vez por todas. Entonces fue que sin más, literalmente tuve que cargar con un piano a cuestas. Me explico mejor: luego de la petición de Antón, decidí rápidamente cumplir con el encargo, ya que me enteré que la niña pasaba largos ratos encerrada en el departamento lo que seguramente le aburría. Lo mejor sería llevarle el piano cuanto antes. Eso significó una gran empresa porque tendría que hacerlo sola... o casi. Fabio estaba nuevamente en viaje de negocios y Antón seguía trabajando hasta la medianoche, así que decidí que no me demoraría más y sola me fui a alquilar un camión de carga para transportarlo. En la pesada tarea me ayudaron Andrés Almeida, un vecino, y el padre de éste, quienes a empujones movieron el famoso piano desde la sala de la casa hasta Miami Beach. Así partimos el piano y yo en aquel camión que yo iba manejando. Para complicar las cosas, ese día comenzó a llover a cántaros, y por último, ignorando que los objetos pesados en el edificio sólo se pueden mover en cierto horario y que éste ya había terminado, rogué y casi me arrodillo ante los porteros que finalmente se conmovieron al verme desesperada y con el piano a cuestas, y me permitieron entrar.

Una vez dentro del edificio, llamé al personaje para hacerle saber que estábamos ahí con todo y piano. Nos encontró en el sótano, lo revisó y me preguntó: "¿Por qué no vino Fabio? ¿Por qué no vino Antón?" Le dije que Fabio seguía de viaje y que Antón me había pedido el favor ya que él no podía hacerlo por el trabajo. Entonces su respuesta me dejó helada: "Hoy tenía otras cosas más importantes que hacer. ¿No podían haber venido otro día?" Los vecinos y yo, así como los porteros nos quedamos perplejos con su altanería. Primero creí no haber escuchado bien, pero después me di cuenta de que a ella no le importaba que su hija no tuviera con que entretenerse y no pudiera cumplir con su tarea. Yo, la madrastra, hice hasta lo imposible y obviamente ella no se lo merecía. Tampoco pareció importarle que yo estaba ahí mojada como una sopa, solita, sin más ayuda que los buenos samaritanos Almeida, cargando con el peso de un piano. En realidad ahí fue que caí en cuenta de que muy poco podría hacer para agradar a alguien que equivocadamente había llegado a los Estados Unidos para cobrar cuentas a quienes nunca jamás le debieron nada. Pero así eran las cosas.

Sin embargo a partir del suceso del piano, las cosas comenzaron a cambiar un poquito con la niña que parecía vivir en un sube y baja emocional. Poco a poco Fabio logró que la madre les permitiera a los dos salir solos a comer y platicar, y Ana hizo el esfuerzo de tratarme mejor. Le compré alguna ropa y un reloj que le gustó, y Yuyita se la llevó a ella sola, sin la madre a Disneyworld... Sólo iban acompañados de un grupo de niños.

"Fuera de la influencia materna la niña cambia. Socializa con todos y se adapta de maravilla con las otras niñas con quienes platica perfectamente en inglés. El problema es que una vez que habla con la mamá, de inmediato todo es diferente. Sabrá Dios que cosas le dice contra todo el mundo." Los temores de mi cuñada eran ciertos, pero bueno, nuevamente intenté ignorar cualquier situación porque yo no tenía nada que ver.

Por el momento, mis preocupaciones eran otras... Lo que Fabio y yo no habíamos vivido en casi diez años a pesar de todos los problemas que en su momento enfrentamos con nuestros hijos adolescentes, lo estábamos viviendo en aquel momento y con un fatal efecto dominó: mientras más cosas sucedían, más distante estaba.

Decidí entonces que tendría que enfocar toda mi energía en mi marido y a prepararle un fiestón por sus cincuenta años. Y así fue.

El magno evento tuvo lugar a bordo del barco pirata "El Loro," que recorre la bahía de Miami diariamente con turistas a bordo. El sitio tenía un doble significado porque Fabio, como Arquitecto Naval supervisó la aprobación de la nave y por tanto, esta representaba mucho para él. Junto a Audrey y Felipe Caro, los patrones de "El Loro," pulimos todos los detalles: la comida, la bebida, la música... y los invitados.

De inmediato, y con los antecedentes, por supuesto que mi instinto de supervivencia me hizo borrar a la rusa de la lista. En el círculo de partidarios a favor mío, la pregunta era la misma: ¿Qué tiene que hacer ella en la fiesta de su ex marido cuando ha llegado a provocar tales problemas con su actitud? Quienes no pueden faltar de ninguna manera son sus hijos, pero... ¿Ella por qué tiene que ir? A fin de cuentas, difícilmente cruza palabra con Fabio y cuando lo hace es únicamente para pelear. Diferente hubiera sido si desde el principio su actitud hubiera sido civilizada y ellos fueran amigos. De mi parte, no es que yo quisiera que ella y yo nos sentáramos juntas a hacernos confesiones, pero por lo menos, sí poder convivir en el mismo sitio como lo hacen todos los matrimonios y sus ex con quienes no existen cuentas por cobrar. Imaginé que podríamos pasar un tiempo agradable compartiendo todos por el bien de los hijos y del resto de la familia. Nuevamente por no lastimar a Antón y para hacer ver a Ana que las cosas eran diferentes y que ella tenía en su padre y en mí una casa a donde venir eventualmente de vacaciones, fue que decidí incluir a la madre en la lista de invitados...Y llegó el gran día.

Cuando apareció con la niña y nos vio a Fabio y a mí a la entrada del barco recibiendo a nuestros huéspedes, de inmediato me di cuenta que estaba disgustada. No me saludó, aunque para ser sincera creo que balbuceó algo que en su mente debió ser alguna palabra, mientras la niña volvió a mostrarse distante. Había rechazado mi ofrecimiento de llevarla a comprar la ropa para la fiesta y parecía no conocerme. Decidí ignorar eso y cuando le pedí que nos tomáramos una foto, la cara que puso fue el ejemplo más claro de lo que el rencor y el odio manipulado pueden hacer en alguien. Su rostro bonito (porque es una mezcla de la familia cubana con la rusa) se tornó inmediatamente duro y frío, sin un solo rastro de benevolencia, pues a su lado la madre era el ejemplo a seguir. Decidí que esto no me iba a arruinar la fiesta ni a mí, ni a Fabio, ni a Antón, y así se lo hice saber a mis amigos. "El Loro" zarpó y la fiesta comenzó a todo dar. En un momento, ya avanzada la noche, sentí que una mirada se clavaba en mí. Al voltear en medio del baile, vi a la mujer que me observaba desde una de las terrazas del barco. No le presté atención y lejos de gozar con su desolación me preguntaba: ella que es inteligente, con una carrera profesional en ingeniería, ella que lee mucho, ¿a dónde había dejado el sentido común? Yo en su lugar, ¡por supuesto que nunca hubiera ido a semejante festejo! ¿A qué? ¿A ver el éxito del hombre al que dejé? ¡No, que va! La vida le enseña a uno el lugar que le corresponde, y el sitio ahí era únicamente para sus hijos, que eran a su vez los hijos del homenajeado. En su lugar yo me hubiera quedado en casa, dejando a mis muchachos libres de compartir con su padre y sus amigos...Pero ella decidió ir...y agredir.

En medio del festejo, como buena anfitriona me tomé el tiempo para ir y preguntarle si le hacía falta algo, a lo que me respondió: "No, no me hace falta nada, únicamente veo que todos los invitados, *todos* están borrachos y eso no me gusta, pero no me puedo ir hasta que regresemos al muelle."

Nuevamente había vuelto al ataque…y yo no me iba a dejar envolver. Cumplí simplemente con aclararle que su concepto de la borrachera y el nuestro en una fiesta eran diferentes, y que lo que ahí había era sólo alegría por el cumpleañero. Me paré y la dejé. En el camino vi a Ana, que solita observaba todo con ganas de salir a bailar…Sin preguntarle, la tomé de la mano y la llevé conmigo hasta a la pista de baile. Ahí sin más, la puse frente a su padre y los dejé que bailaran juntos.

Yuyita que observó la escena vino rápidamente a mi lado: "Gracias por hacerlo. Yo creo que con esto la niña comenzará a preciar lo que haces para que ella y su padre puedan compartir. Esto va a cambiar todo, tú verás." A su lado, Jorgito, el sobrino, también estaba feliz. "Gracias por tratar de hacer que mi tío lo pase de la mejor forma." En realidad yo no hice aquello por congraciarme con nadie sino porque verdaderamente lo sentí. Eso es lo que me hubiera gustado que una madrastra hubiera hecho con mis hijas, y nada más. También pensé que después del cumpleaños, y cuando faltaba un mes para que partieran de regreso a Rusia, ellas comprenderían que no había motivo para pelear entre nosotras, pero me equivoqué.

Una semana más tarde, yo tenía una presentación para la Feria del libro en Chicago y Fabio pensó que esa sería la ocasión ideal para que Ana por primera vez nos acompañara en un viaje. Esto nos daría la oportunidad de pasar un buen tiempo con ella, y así ella vería otros sitios de los Estados Unidos. A mí me pareció una buenísima idea. "Está entusiasmada por conocer los grandes lagos, y, mientras tú firmas libros yo me la puedo llevar por lo menos a que conozca bien la ciudad y el Lago Michigan." La alegría nos duró poco. Días después, Fabio sólo me dijo que Ana finalmente no vendría con nosotros. ¿La razón? Si queríamos que viajara con nosotros, en el grupo también tendríamos que incluir a la madre... de otra forma no lo haría. Ahí sí que me voló la tapa del pomo y me dije ¡no! ¿Cargar con la rusa? ¿A cuenta de qué?

Antón al saber lo que pasaba habló con ellas, pero nada les hizo cambiar de parecer. Poco antes del viaje, y aprovechando que Ana estaba en casa de sus abuelos, inútilmente fui a verla para que recapacitara. Era como si nunca hubiera hablado conmigo, ni tuviera que agradecerme la odisea que pasé para llevarle el piano. Nuevamente volvió a ser la persona fría y distante con mirada de enojo: "Si mi mamá no viene yo tampoco voy. Ese debe ser un viaje en familia y mi familia somos mi hermano, mi papá, mi mamá y yo... y nadie más. Muchas gracias por invitarme." Me dejó ahí parada, se dio la vuelta y se puso a jugar. Todo lo que había sucedido antes, lejos de ser una mejoría había sido sólo una tregua... Una simple tregua en aquella telenovela surrealista que necesitó alguna vez un título, aunque tuvo uno robado de la famosa película de James Bond: *From Russia With Love* (Desde Rusia con Amor). De eso no cabía la menor duda.

2

Una Chica "Bond"

Sentada en el sillón del dentista Fred Begeman en Miami, Sarita su asistente no entendía porqué yo, usualmente "tropical y dicharachera" y con muy buena cara siempre, aquel día no sólo me veía mal, sino que lucía de lo peor. Discreta como es, únicamente acertó a preguntarme si era a causa de algún otro problema ajeno a los dientes que me estaban haciendo al más puro estilo de estrella hollywoodense: ¡Qué va Sarita! ¡Qué va! Esto es otra cosa. Me duele el alma. Sin que la mujer se lo esperara, en un segundo convertí el sillón del dentista en diván de siquiatra y descargué mi alma sin imaginar que ahí encontraría la mejor de las soluciones. Le confesé aquello que me tenía a la orilla de tomar una decisión drástica.

"Chica...¿Tú estás loca o qué? ¿Vas a dejar todo tirado incluido tu marido? ¿Acaso no lo quieres?"

"¡Lo adoro!"

"¿Vale la pena?"

"*¡Por supuesto! No hay otra persona mejor que él.*"

"Entonces lucha."

"*¿Cuánto más Sarita? ¿Cuánto más después de todo lo que he intentado en un mes?*" A grandes rasgos le expliqué la mayoría de mis correrías y lo fallidas que habían resultado, y también que estaba al punto de que las fuerzas se me agotaran ya que nada de lo que había hecho había tenido un resultado efectivo.

"Lo que sucede es que no has peleado en la forma correcta y quizá has hecho lo que esa persona quiere: que pierdas los estribos, que pierdas el control y que termines peleándote con tu marido, mientras da la impresión de ser la víctima." Sarita había dado en el clavo. Ciertamente yo había ido de norte a sur por componer todo, había cargado con el piano, había hecho hasta lo imposible... Pero no como debí hacerlo.

Mi mayor preocupación fue y sigue siendo no lastimar a Antón. Entonces, ¿cómo hacer las cosas? Está por demás decir que aquella sensación de estar caminando en la cuerda floja sobre un precipicio aumentaba mis temores.

"Y ¿entonces qué debo hacer?" le pregunté.

"Pelea inteligentemente. Que la rabia no te gane ni afecte las decisiones de tu vida privada. Cuando tengas que hacerle notar algo a tu esposo hazlo con calma, no levantes la voz, no pelees innecesariamente, ni insultes. Sólo dale los 'facts,' es decir, los hechos, y ten por seguro que en su momento va a digerirlos. No esperes que sea en ese instante porque recuerda que el hombre reacciona diferente a la mujer y en eso nada tiene que ver que sean buenos o malos sino que simplemente son hombres. La vida es un asunto de saber emplear la inteligencia para que al final la verdad perdure. Hazme caso y verás que bien sale todo. Eso sí, hay cosas que no se deben pasar por alto, pero aprende diariamente a lidiar con quien la arremete contra ti."

Sarita nunca supo cuanto bien me hicieron entonces sus consejos que se unieron a las reflexiones de una de mis grandes amigas, la productora de televisión Gabriela Tristán. Gaby quien había vivido conmigo otro tipo de aventuras me veía ahora desconsolada y cada vez más preocupada. "Ten calma MAC y pon en práctica esto que alguien me dijo: *'Que nada ni nadie te robe tu paz.'* Más claro: que nadie te haga alejarte de la verdadera persona que tú eres. Si te buscan para agredirte no les des la otra mejilla para que te peguen porque esa no eres tú, no, por el contrario, reacciona. Pero reacciona con calma y piensa en lo que vas a hacer." A partir de ese momento las recomendaciones de las dos me ayudaron a comenzar a sacar la cabeza del agua. Recuerdo haberme parado frente al espejo y haber decidido poner punto final a lo que hasta ese momento fue un mes de angustias y sinsabores, que me habían convertido en la persona que nunca fui. El llanto y la rabia quedarían para otra ocasión y otros motivos, ahora comenzaba a salir la "Collins real," la que no se deja vencer, la que sabe dar "patadas contra el sol" si es necesario. Ahí "toqué fondo." Ese fue exactamente el punto en el que decidí que nada ni nadie podría dañar mi relación de una década con Fabio.

Pero mientras todo esto se sucedía, ¿dónde estaba Fabio Fajardo? La respuesta fue sencilla: ante la guerra diaria entre su ex y yo, que arreciaba sin tregua posible, él encontró la solución perfecta: salir a inspeccionar barcos haciendo su oficio de Surveyor. Mientras más lejos estuviera el barco, en Panamá o Colombia, mejor era el viaje. Fueron tantos, que hubo un momento en que no supe si estaba casada con él o divorciada. Llegaba, se cambiaba de ropa y se volvía a ir de viaje sin decir palabra. Jorge Rey

Fajardo, el sobrino conciliador, era el que escuchaba mis llamadas a toda hora.

"Para mi tío las opciones eran terribles. Para explicarlo mejor, era como lo que sucede con el que no puede pagar las tarjetas de crédito y le llaman para cobrar y ¿qué hace? No tiene dinero para pagar y no contesta. Se esfuma, se muda. Así hizo él. Estaba entre la espada y la pared. Por un lado sabía que tú tenías la razón, pero por el otro lado tenía a Antón a quien no quería herir, a su otra hija con quien muy poco había compartido, y a una persona que no entra en razón como es la madre de ellos... Entonces, ¿qué hacer? Era difícil. Se autodeportó. Mi tío hizo lo que yo también hubiera hecho. Cuando en uno de mis matrimonios tuve un problema parecido, yo no quería llegar a mi casa para no darle frente a los problemas, ya que todo el mundo me veía como el árbitro con quien quejarse, con quien explayar su punto de vista y finalmente, el que le daría una solución al problema. Eso no era así. Resultado: la diferencia con mi tío es que mi negocio está en Miami, trabajo en bienes raíces, tiene que ver con tierras y cerca de donde yo vivo, no como él, supervisando barcos que pueden estar en el otro lado del mundo. Pero sigo pensando que nunca te hubiera dicho el país para esconderse de forma que ni con un sistema de navegación satelital lo hubieras podido hallar. Y en eso de exiliarnos, navegar y escondernos mi tío y yo tenemos experiencia."

Jorge Vázquez, mi camarógrafo de aquellos días en el programa *Aquí y Ahora*, decía que Fabio era un suicida virtual... "Yo tiemblo de pensar que el hombre está retando a la mejor reportera de investigación que tenemos en la televisión en español en los Estados Unidos para que lo encuentre así sea en el fin del mundo." Vázquez no estaba errado en que encontraría a mi marido así fuera en el fin del mundo. En uno de esos viajes misteriosos donde Fabio no dejaba dicho ni rumbo ni distancia, pero sí el país, lo encontré en la Isla de San Andrés en Colombia, y "peinando" por teléfono la lista de hoteles de aquel sitio turístico (lleno a reventar en plena temporada) finalmente pude localizarlo y hacer que le enviaran a su cuarto un mensaje. Para ser honestos, siempre me ayudó enormemente mi trabajo en la televisión. Siempre hubo alguien al que mi nombre le era conocido y eso abría puertas.

En otra ocasión–en Panamá—cuando la empleada del hotel donde mi marido se hospedaba me reconoció al darle mi nombre, le conté mi truco favorito para saber si este se encontraba en la habitación por la madrugada: Estoy preocupada por mi esposo. He llamado a su habitación pero no me responde. El sufre ataques y olvidó su medicina en casa y tengo miedo de que algo pueda pasarle. ¿Podría enviar un mensajero a su habitación para estar seguros de que no le ha pasado nada? Ante semejante argumento aquella mujer envió una persona a la habitación y encontraron que mi marido dormía como angelito, tanto, que ni cuenta se dio de que le abrieron la puerta. No había contestado el teléfono porque dejó conectada su computadora a la Internet y en ese sitio la línea telefónica era para las dos cosas y él no lo sabía. De sobra está decir, que por todo esto comencé a celarlo como nunca en nueve años. Antes él iba y venía a sus anchas sin que yo me detuviera siquiera a pensar que estaba haciendo algo malo. Pero en medio de todo aquel huracán de sentimientos, los celos jugaron un papel terrible. Una mañana mis deducciones periodísticas me llevaron a una posible conclusión: la conducta extraña de Fabio obedecía seguramente a la presencia de una tercera persona a la sombra de los pleitos ruso-mexicanos. Yo le preguntaba, él no me contestaba o lo hacía parcamente. Lo llamaba por teléfono, le preguntaba por el caucásico personaje y él me respondía enfadado por el interrogatorio, en fin, que aquello parecía el desastre en un callejón sin salida. Su sobrino, Jorgito Rey, seguía aconsejándome.

"Lo peor que puedes hacer en situaciones semejantes es atormentar por celos a un marido en problemas, porque no hay nada que él pueda hacer. Yo estoy seguro que mi tío es un santo que nunca ha hecho nada malo y que todo está en tu imaginación. Si él se va unos días no es por una tercera mujer sino porque no aguanta más la situación. Entiéndelo…Él no puede ir a casa de mis abuelos porque ahí está mi mamá que no está contenta con la situación con la rusa y se lo dice a cada momento. Tampoco puede ir a su casa porque estas tú peleándole, y ni siquiera puede ir al apartamento de Miami Beach que tanto le gusta para hacer ejercicio, porque se encuentra ocupado militarmente por el enemigo. No es fácil."

Pero él no estaba solo en la desesperación de esta tragicomedia. Yo también. Mi actitud desgastante más la presión del trabajo estuvieron a punto de causarme un infarto. No dormía, sentía angustia y ansiedad. A mi cardiólogo, el Dr. Donato Argüelles de Miami, le debo los buenos oficios para controlar la presión arterial, y estoy segura que en el momento justo nada más me sucedió porque finalmente me entró la cordura.

¿Qué caso tenía seguir en medio de aquella batalla campal sin horario ni fecha en el calendario? ¿Qué resultados buenos había logrado? La respuesta fue: ninguno…Ni uno solo…Entonces decidí cambiar el rumbo. Le conté a Fabio todas mis "panchoaventuras" tras su rastro sin importar que fuera en los Estados Unidos, o en la Conchinchina…Y dejé de buscarlo por cielo, mar y tierra y me prometí no volver a emplear mis tácticas detectivescas. De cualquier forma, si aprovechando la confusión él iba a hacer algo malo, para eso no tenía que viajar tan lejos y lo podía hacer en mis propias narices.

Oídos Sordos

Al principio, Fabio no creía en mi cambio de actitud, pero él vale más que todo aquel infierno que habíamos pasado, entonces nos fuimos a la Feria del libro en Chicago. Juan Manuel y Sandra Girón, nuestros anfitriones, nunca imaginaron (y se están enterando al leer este libro) de todo aquello que estaba pasando a su alrededor. En realidad, aquellos dos días alejados del vendaval, con otra actitud de mi parte, surtió efecto. Lejos de soltarle la retahíla de broncas al solo escuchar el nombre de los personajes, comencé a esperar a que Fabio me contara lo que estaba pasando con ellas... Y poco a poco lo hizo. También dejé de ser la "SuperCollins" que salía del estudio de televisión para presentarme en cuanto sitio ella apareciera, colgada de Fabio como si fuera llavero. Pero mi forma de actuar no cambió la de ella, que no perdió oportunidad de darme cualquier golpe. En otra de las reuniones familiares, por una bendita casualidad, la rusa y yo quedamos frente a frente, y al lado se encontraba Adys, mi suegra, que luchaba por no entrar en conflicto con nadie. Hubo un momento en que nuevamente intenté establecer algún tipo de plática con el personaje. Le hablé de sus perros, unos canes muy bonitos que vi retratados con Antón en Rusia cuando él era niño. "¿Viven todavía?" le pregunté. A mi pregunta, respondió volteándose con desprecio como era su costumbre. Lejos de enojarme, volví a preguntarle por sus animalitos... Y volvió a quedarse callada, nada más mirándome. Entonces, sin inmutarme ni perder el control volteé a ver a mi suegra y suavemente le dije: "¿Usted ve Doña Adys lo que esta señora hace? Le estoy hablando, tratando de ser amable y ni siquiera me responde. Está bien, si ella lo quiere así, está bien." Mi discreta suegra que pocas veces habla me contestó lo siguiente: "Es verdad. Noté que tú tratabas de hablar con ella y te rechazó. Lo que sucede es que ese es su carácter, pero voy a hablar con ella." Por primera vez mi actitud calmada había logrado más que lo que nunca obtuve cuando perdía la cabeza e intentaba que me ayudaran en medio de la desesperación.

Días después, el turno le tocó a la niña que jugaba en el patio con otras niñas quienes al verme vinieron corriendo a saludarme muy cariñosas…menos ella. Me ignoró a pesar de que la había llamado. Ahí decidí que si no me quería, estaba bien también. Ya no iba a hacer nada más para convencerla. Eso era inútil. Fui a explicarle la situación a Antón y sorpresivamente me respondió: "No te preocupes que yo he tratado de hablar, de hacerles ver que no hay razón para actuar así, pero no me hacen caso. Yo ya no puedo hacer más." Mi alma descansó a tal grado, que aquellas palabras con mi hijastro me hicieron quererle todavía más. Él no iba a decir una sola palabra contra ellas, ni yo quería que lo hiciera, pero comprendí que para él también aquel estaba siendo un tiempo muy difícil…y decidí pasar la página. Había puesto en práctica aquello de que *"Nada ni nadie me robará mi paz."*

Mi James Bond Cubano

Regresando a Fabio Fajardo y sus súbitas desapariciones, yo creía que había escuchado todas las excusas del mundo…Pero nuevamente estaba equivocada y no lo calculé. Al igual que sucede con los que lo conocen y lo ven calladito y tranquilo, la realidad es que en cuestión de excusas no hay que menospreciar a mi Fabio, que es un zorro. Atrapado y teniendo que dar cuenta de la ciudad y el hotel en donde estuvo desaparecido por tres días (lo que no haría ni en el potro del tormento) comenzó a contarme lo que pocas mujeres pueden escuchar:

"No puedo decirte donde estuve ni que hice porque es asunto de vida o muerte."

"¿Vida o muerte? ¿Por qué?"

"Tengo que confesarte algo pero tienes que prometerme que no se lo vas a decir a nadie porque corro peligro. Estaba en una ciudad del extranjero porque soy parte de un equipo que lucha para evitar que los terroristas hagan algo a bordo de los barcos, entonces nosotros nos dedicamos a revisar todo para evitar que vaya a ocurrir un ataque..."

"Explícamelo mejor," le pedí casi sin aliento.

"Que fui parte de un equipo antiterrorismo." Ahí sí que no supe qué hacer o qué hacerle. No-podía-creer-lo-que-estaba escuchando.

"¿Tú? ¿Agente de la lucha antiterrorista en el mar?"

"Mmmjú" me respondió con un balbuceo. Yo me sentía como una canción de Juan Luis Guerra: ¡se me estaba subiendo la bilirrubina al escucharlo!

"Ven acá Fabio Fajardo. Lo que tú me quieres decir es que... ¿tú eres un James Bond? El aludido movió la cabeza afirmativamente... "O sea que, ¿durante que casi diez años yo he sido una chica Bond? ¿Me he acostado con James Bond y no lo sabía?" "Así mismo. Y algo más. No me pelees porque algún día podrías estarme acompañando al mismito Congreso de los Estados Unidos... ¡cuando me condecoren por mi valor!"

¿Qué hice ante el más inteligente de los descarados? Dos cosas.

Una, poner en práctica aquello de que *"Nada ni nadie me robará mi* paz"...Y la otra...le conté como dice el dicho "a Raymundo y el mundo" incluido Mazantín el torero, la anécdota de mi James Bond cubano que por inteligente merece hasta un aplauso. Eso sí. Semejante héroe no se ha salvado de la popularidad de los que conocen el fenomenal episodio. El más relevante de los fanáticos que Fabio tiene a raíz del cuento aquel del antiterrorismo y porqué se desaparecía, es el abogado angelino James Blancarte, un amigo con un sentido del humor genial, quien en medio de una cena donde yo narraba la telenovela de las desapariciones "Fajardescas," se levantó de la mesa, y vino directo a mi marido, abrazándolo, al tiempo que le decía: "Compatriota, es un honor conocer a un héroe de las excusas." Está de más decir que el resto de la noche estuvo lleno de bromas y más bromas.

Fuera de la carcajada general, estaba la lección que yo había aprendido poniéndola en práctica. Pelear con inteligencia sobre todo cuando uno sabe que hubo dos sopas: la de fideos y la de jodeos...Y que la de fideos hacía rato que se había terminado. Tan, tan.

En estas condiciones hay que ignorar los ataques del otro bando, que generalmente son ataques suicidas. Y como dice el comediante Alvarez Guedes, una pastilla de TTM. Es decir, tíralo todo a la m..r..da es lo mejor porque ¿para qué amargarte la vida?

Finalmente no olvide repetir una frase sabia: *"Que nada ni nadie me robe mi paz."*

❧ ❧ ❧

Para Tener en Cuenta

Pelear con la cabeza sin dejar que la rabia gane. No caiga en la provocación porque la otra parte tratará de hacerse pasar como la víctima a cuenta de usted.

Entienda que los hombres reaccionan diferente a las mujeres. Son fríos y no tienen ningún problema en desaparecerse. Únicamente cerciórese de que esas "desapariciones" no son a causa de otro personaje que ande "rondando."

3

Ex Esposas

¿En qué acabó la historia de la guerra soviético-mexicana? Eso lo dejo para el final del libro porque guerras por Fabio Fajardo me tocaron librar prácticamente desde que lo conocí. Yo me preguntaba sobre la actitud de la rusa. ¿Por qué ese odio contra mí, que al fin y al cabo no le quité el marido? ¿Por qué llegar a Miami a agredirme si yo no tuve que ver absolutamente nada ni con su divorcio, ni con el hecho de que sus hijos se quedaran sin padre? En los peores momentos "del combate" estuve a punto de mandar a buscar a quien sí tuvo que ver directamente con el hecho de que ellos terminaran más rápidamente: la segunda ex esposa de mi marido, con quien tuvo un breve y tortuoso matrimonio, y a quien aquí identificaré por su origen como "la furia caribeña." Esa sí que fue la que lo "dejó con calor y con frío."

Yo conocí a Fabio en octubre de 1995 en una reunión de amigos. Aunque aquel día tuve poco tiempo para hablar con él porque yo vivía entre Miami y Houston ya que estaba cubriendo el juicio de la asesina de la cantante Selena, él desde un principio me dijo que recién se había separado de un matrimonio de menos de un año de duración, que vivía con su hijo Antón en un departamento, y que aquella relación había comenzado poco después de que en septiembre de 1993 llegara a las costas de la Florida en balsa con Antón, su hijo, y Jorge Rey, su sobrino.

A distancia veo cuan fuerte he sido para resistir andanadas. Antes del "vendaval soviético," me enfrenté a la obsesiva "furia caribeña." Nada más saber que su ex andaba con otra persona, sin entender que lo de ellos se había terminado, el personaje enfocó sus baterías contra mi mexicana humanidad. Cobarde, sin dar la cara, aprovechó mi trabajo en la televisión para emplear toda clase de bajezas. La primera noticia que tuve de su conducta obsesiva fue cuando llamó a la Vicepresidenta de Noticias de la cadena donde yo trabajaba para hacerle saber que yo le estaba robando el marido. ¡La pobre! ¿Qué tenía que ver mi trabajo con que un hombre no hubiera querido seguir con ella? ¿Qué tenía que ver que posteriormente hubiera iniciado una relación conmigo o con quien se le diera la gana? ¿Qué tenía en la cabeza? Únicamente despecho y nada de dignidad. Pero mi ángel de la guarda siempre está conmigo. Para mala suerte de "la furia caribeña," se le ocurrió hacer aquella llamada justo al día siguiente de que mi entonces jefa y un grupo de amigos habíamos estado compartiendo en una exclusivísima fiesta para premiar a Mauricio Zeilic. Mi ex jefa me dijo que había tenido que escuchar los detalles de cómo, supuestamente, yo había terminado con un matrimonio de menos de un año y donde ella era muy feliz con un hombre que la seguía amando y con el que vivía ¡muy bien! Ante estos últimos datos (y otros que contó sobre su vida íntima que por pudor guardo) mi entonces jefa le dijo: "Con todo respeto, señora, no sé como usted me dice que su esposo está en su casa y que tienen una relación muy buena y demás detalles, si anoche, precisamente anoche, a mí personalmente me tocó estar con María Antonieta y su novio en la misma mesa durante un evento, y créame que él se veía muy contento y sin ningún problema. Además, si Fabio se estaba escondiendo, créame que no era el sitio más adecuado para asistir. Por otra parte, si usted me dice que viven juntos, ¿entonces no lo vio anoche salir vestido de esmoquin para una fiesta a donde no iría con usted?" Los asesores de "la furia caribeña" y ella misma se dieron cuenta que no había mucho más que hacer por ese lado, pero no por eso dejaron de atacarme.

Lo próximo fue recibir todo tipo de insultos justo en mi casa. Cuando en el 2005 estaba revisando el material para este libro, Antonietta, mi hija, quien me ayudaba en la tarea, de pronto, al leer una carta que conservo desde hace mucho tiempo casi le da un ataque de rabia. "Ay mamá, siempre he visto cartas muy bonitas que siempre te mandan…pero ésta, ¡que fea!" Era una carta anónima escrita a máquina y que llegó a mi casa sin tener en el sobre más que mi nombre y dirección sin código postal. Se refería a mí como "María Antonieta Mojada," lamentaba mi asociación con un cierto "balsero" y estaba poblada de todo tipo de insultos y hasta amenazas.

De acuerdo a la policía (donde hice una denuncia por acoso) el mensaje había sido escrito por una mujer abandonada por un hombre y por tanto despechada. Por eso resaltaba en letras mayúsculas la palabra "balsero" (que se refiere a los cubanos que escapan de la Isla de Cuba en una balsa). Las palabras "India" y "Mojada" son insultos raciales para indocumentados que llegan a los Estados Unidos. Yo estaba convencida que "la furia caribeña" había sido la autora.

Hoy, al ver este anónimo, con faltas de ortografía, sin siquiera saber como escribir español con signos de puntuación, francamente me da risa, pero en su momento me mostró el odio que es capaz de sentir una mujer despechada. ¿Qué había en la mente de una persona para pelear con semejante bajeza? ¿Qué tenía en la cabeza para sentarse junto al par de amigas que la secundaban a escribir algo semejante? La respuesta era una: Despecho y pobreza espiritual.

Cuando se lo mostré a Fabio, ambos estuvimos convencidos de la procedencia. Pero "la furia caribeña" no paró ahí.

Semanas después, la periodista María Elena Salinas, vino muy preocupada a contarme algo que le había sucedido: "Fíjate que anoche estaba con mi esposo cenando en un restaurante, cuando de la mesa de al lado vino una mujer a hablar con nosotros. Pensé que se trataba de algún televidente." (En ese punto aún no veía la relación conmigo). "Parada ahí, la mujer me dijo: '¿No me conoces?' le respondí que no. '¿La debo conocer por algo?' le pregunté. '¡Yo soy la esposa de Fabio Fajardo!' me dijo. 'Disculpe usted pero no sé quien es Fabio Fajardo.' '¿No lo sabe? Es el hombre que me robó María Antonieta Collins.' ¡Dicho eso, se dio la media vuelta y se sentó en su mesa a seguir comiendo como si nada! ¿Qué te parece?"

"Patético" le respondí. "Sólo le pido a Dios que la ilumine para que se entretenga en otras cosas, y que se dé cuenta que lo que tuvo con Fabio se terminó hace mucho tiempo y que si él la dejó no fue por mí, sino precisamente porque estaba cansado de su temperamento, de sus obsesiones y de las presiones que le ponía para tener más hijos cuando él ya no quería tener ni uno más de los dos que tuvo con su primera esposa."

Pero los episodios se siguieron sucediendo al mejor estilo telenovelesco. ¿Usted piensa que la ex de su marido es obsesiva? . . . Espere a ver de lo que fue capaz "la furia caribeña." Cuando vio que su llamada a mi jefa o el tratar de avergonzarme no le funcionaron, en lugar de "darle vuelta a la página" y olvidar todo y seguir para adelante, lo siguiente fue una llamada a la redacción cuando sabía que yo estaba ahí. Se trataba de un hombre que urgentemente quería hablar conmigo, por el acento era un anglo europeo: "Le llamo para decirle que yo soy el novio de la que era esposa de Fabio. Quiero decirle que él y ella nos están siendo infieles a usted y a mí." Me dio risa, pero como buena reportera que soy, lo dejé para ver hasta donde era capaz de llegar. "Yo quiero prevenirla de que ellos se ven en Miami Beach aprovechando que usted está trabajando en el noticiero los sábados y los domingos." Cuando terminó de soltar su veneno le dije que si era verdad que él era el novio, al igual que ella, los dos me daban una profunda pena por su falta de dignidad, y le colgué el teléfono.

Fabio estaba asombrado de la maldad de la que su ex era capaz, y yo por mi parte jamás llegué a pensar que lo que me dijo el supuesto novio de "la furia caribeña" fuera verdad y que ellos se vieran ¡Qué va!

"Sé que era obsesiva," me dijo Fabio, "pero ha llegado a tales extremos que de cualquier forma, con todo lo que ha hecho, y con el terror que tengo de que quede embarazada, tú puedes tener la seguridad de que nunca, nunca, volvería a tener nada con ella. Es más, no entiendo como un hombre que se precie se haya prestado para ese jueguito. Allá ellos."

Lo siguiente fue llamar nuevamente a la estación amenazando con un escándalo. "Díganle a María Antonieta Collins," le aseguró a la operadora, que si Fabio, el marido que me robó, en dos días no saca de mi casa la balsa en la que llegó de Cuba, yo personalmente se la voy a ir a tirar a las puertas del trabajo de ella un sábado o un domingo al mediodía, cuando ella está ahí para que todo el mundo la vea."

Esta andanada, cuando me la contaron, me causó una risa incontenible.

De cualquier forma, lo de la balsa tenía algo de verdad: estaba en su casa y Fabio tendría que ir a recogerla pronto. Cuando él dejó la casa de "la furia caribeña" dejó ahí la lancha en la que escapó de Cuba, y que había rescatado de las instalaciones de la Guardia Costera de Cayo Maratón, Florida, a donde había arribado. En ese entonces, él se rehusó a que la OKA (que es como se llama la lancha), fuera hundida como indicaba el procedimiento, ya que desde siempre fue uno de sus tesoros. No sólo la había comprado en Rusia y con mil y un sacrificios se la llevó a Cuba donde la usó para sobrevivir el hambre porque en ella salía a pescar. En ese bote había sobrevivido remando cuatro días en el estrecho de la Florida en busca de la libertad. Por lo pronto y en medio de aquella nefasta advertencia de irla a tirar a mi trabajo, los Fajardo en masa (Antón, Jorgito, Fabio y su amigo Armando Arrazcaeta) fueron a la casa del caribeño personaje a rescatarla. Hoy OKA se encuentra feliz y en el patio de mis suegros en espera de que algún día Fabio cumpla su promesa de convertirla en un bar para sus fiestas.

El rescate de OKA nos dio un respiro antes de que "la furia caribeña" volviera a la carga. Pero era cobarde. En lugar de venir a darme la cara, atacaba a escondidas. Entonces aumentó la intensidad del combate. Un día me llama una amiga que estaba en el salón de belleza de SAMMY.

"Estaba haciéndome el manicure, cuando una mujer al lado mío comienza a hablar pestes de María Antonieta Collins. Me quedé helada. Sin que nadie se lo preguntara y en voz alta para que todos la escucharan comenzó a llorar y a decir que tú le habías robado el marido, que él era un desgraciado y un mal agradecido porque ella le había comprado un Cadillac del año y hasta un bote con camarote, y que él la había abandonado para irse contigo. La mujer lloraba, la gente alrededor la escuchaba y ella daba más y más detalles de su ex marido, por supuesto, con su despechada versión." Tiempo después, cuando Sammy se enteró de lo sucedido, muy cariñoso me llamó para asegurarme que si "la furia caribeña" volvía a hacer algo semejante en mi contra dentro de su negocio, no iban a atenderla más.

¿A Quién le Dan Pan que Llore?

No me preocupaban los ataques públicos en medio del salón de belleza de Sammy o donde ella quisiera, sino que sus difamaciones fueran contra Fabio. Lo que a la despechada mujer se le olvidó decir fue que *mi marido* no sólo nunca le pidió nada, sino que ella, pensando que iba a deslumbrarlo le compró un barco y un auto último modelo e hizo más: de inmediato al conocerlo se fueron de viaje a Hawai, a varios cruceros y después ella misma montó "la gira nupcial" a Las Vegas donde se casaron en un rápido matrimonio que no duró ni un año. ¿A quien le dan pan que llore? Pero "la furia caribeña" olvidó decir otras cosas: que mi marido trabajaba como nadie, y que estudiaba al mismo tiempo para revalidar sus estudios de Arquitecto Naval, cosa que logró hace muchos años, y que cuando dejó la casa de ella, no se llevó ni el famoso auto ni el bote. Ahí se los dejó. Tampoco dijo que él la ayudaba en sus negocios como nadie lo hubiera hecho. Cuando yo lo conocí, Fabio manejaba un carro viejísimo al que sólo le funcionaban tres puertas, y haciendo trabajos aquí y allá durante el fin de semana y a la hora y en el lugar que fuere, él comenzó a ganar dinero y a ahorrar y ahorrar, todo esto sin dejar el empleo que por mérito propio consiguió en una compañía hondureña de barcos en la que lleva más de diez años trabajando.

Además, había un hecho más que contundente en contra de su rabia y sus mentiras. Si era cierto que Fabio era tan interesado en las cuestiones económicas como ella decía, ¡entonces nunca la hubiera dejado por mí!

Se hubiera quedado con la que tenía dinero para viajar y regalar, y que sin lugar a dudas era ella. En ese tiempo yo no tenía ni medio centavo ahorrado, trabajaba y era cabeza de familia, madre de dos niñas y además durante esos años gastaba tanto en tarjetas de crédito que mis desastres financieros me dieron material y tema para escribir mi cuarto libro, *En el Nombre de Comprar, Firmar... y No Llorar* (Rayo, enero del 2005).

No Se Puede Vivir con Tanto Veneno

Si narro el odio diario de aquella mujer, no termino con este capítulo. Basta decir que cuando el divorcio de ellos estaba por terminar, entonces comenzó a llamar a mi casa por las madrugadas. Era una voz femenina al otro lado de la línea: ¿Me podrías comunicar con fulanita (y decía el nombre de "la furia caribeña").... Yo no sé que quería lograr con aquello, pero si era quitarme el sueño se equivocó. Para su mala suerte duermo requetebién. Me despierto y me vuelvo a dormir con la facilidad de un bebé. Sin embargo, como las primeras veces me sorprendió dormida, no supe que contestar. Pero poco a poco me preparé para responderle como se merecía. Finalmente dejó de llamar cuando le respondí a su madrugadora pregunta telefónica:

"¿Me estás preguntando por fulanita? ¿A la que le quité el marido? ¡Ay que pena! ¿No sabías que se murió y que hoy la enterraron en el panteón?"

Fue la última llamada que hizo a mi casa.

Con Fabio la situación fue similar. Como él no le respondía el teléfono para todo lo que se le ocurría, entonces se presentaba a cualquier hora en su oficina a armarle escándalos. Finalmente Fabio corrió no sin antes advertirle que llamaría a la policía si ella seguía con aquel acoso. En este punto ya nos habíamos asesorado legalmente, y con todas las cosas que hizo, "la furia caribeña" se había convertido en una "stalker."

Afortunadamente, al parecer comprendió que de seguir haciendo todas aquellas maldades, las cosas podrían tomar un giro con graves consecuencias para ella y sus negocios, y nos dejó en paz. Pero el asunto duró casi dos años.

Por situaciones como estas, y las que me reservo, es que digo que cuando la guerra "soviético-mexicana" estaba en su apogeo y yo no encontraba la razón de que las baterías estuvieran enfocadas hacia mí y no hacia la otra, pensé en pedirle a la rusa que buscara a la verdadera culpable de su amargura: "la furia caribeña." Esa sí que fue la autora de aquel divorcio súbito y a larga distancia desde Miami a Moscú, además logrado en unas cuantas semanas. El "vendaval soviético" y la "furia caribeña" si tienen cuentas que cobrarse... ¿Pero yo? ¿Qué flauta tocaba en esa orquesta si era muñeco de otra juguetería? Más claro, yo no estaba en su panorama.

Como Debe de Ser Una Buena Ex Esposa

Diana Cortina, una profesional en el campo de la televisión y experta en relaciones matrimoniales se quedó con la boca abierta al conocer los detalles.

"Yo no entiendo los insultos que viviste a manos de las ex de tu marido. Eso es una falta de educación, de todo. La gente insegura es la que hace ese tipo de cosas. Tú no ofendes a nadie si te sientes segura de ti misma. A mí nunca me pasaría por la cabeza escribir una carta anónima."

Cortina, una mujer guapa, de excelente humor, y quien ha tenido cuatro matrimonios, tiene una filosofía muy especial de lo que debe ser una ex: "Mis apellidos por matrimonio han sido Vila, Tomas, Zayas-Bazan y Lambert. Finalmente regresé al primero, al apellido de mi padre, Cortina... Me he casado y divorciado cuatro veces, y de la herencia de un ex no carezco."

"Yo nunca he estado en la posicion de la rusa porque después de mí, ninguno de mis exes ha tenido otra esposa. Uno de ellos se casó y su matrimonio duró sólo un mes. He tenido que lidiar con las mujeres anteriores, pero no les hago groserías, soy súper *nice* con ellas, las invito a mi casa y todo. No tengo ningún problema. Ser una buena ex esposa es asunto de tener buenas intenciones, de ser una buena persona."

En esto, Diana Cortina se lleva el aplauso. Ella es una muy buena persona que asegura que el éxito de no ser una ex esposa amargada radica en puntos clave que se pueden llegar a convertir en reglas de oro.

Cómo Ser Una Buena Ex Esposa

1. Tomar en consideración a la esposa actual, no ir directamente al marido sino a través de ella. Contar con los dos como pareja, no estar llamando al marido para todo, a menos de que se tengan hijos chiquitos y fuera otra la circunstancia.

2. No ser celosa. Yo no soy celosa de nada ni de nadie. Tal vez por eso yo he podido llevarme muy bien con las parejas de mis ex maridos.

3. No pre-juzgar. Yo nunca establezco ninguna opinión que nadie me dé sobre alguna ex de mi marido. Yo determino lo que pienso de una persona de acuerdo a su comportamiento conmigo. El día que conocí a la ex del padre de mi hijo (mi segundo ex) y quien tenía una hija con él, yo le dije: Tú y yo somos madres de dos

hermanos y nos tenemos que querer y llevar bien. Así
fue y así es hasta el día de hoy.

4. Aceptar la herencia de un ex. Más claro. Tener
relaciones cordiales con ellos y no borrar a la familia
de éstos. Finalmente uno se divorcia del hombre, no
del cariño de los familiares. Generalmente me he
llevado muy bien con mis exs (a excepción de algún
episodio con alguno). Vidalito, el primero, me
saluda con un beso; el segundo, el papá de mi hijo
se murió; con Rogelio, el tercero nos saludamos y
guardamos relaciones familiares. Por ejemplo, con
su hija las cosas van tan bien que soy hasta la
madrina de su hijo mayor. Toda la familia de uno de
mis ex esposos cuando llegaban de Cuba de visita no se
iban a casa del hermano... venían a mi casa donde yo
ya estaba casada nuevamente con mi marido número
tres. La situación era tan buena y cordial que le hacían
café a mi marido y se llevaban divinamente. Yo pienso
que no es fácil ni común llevarse bien y querer a la
familia y a los ex y que en esto juegan varios factores:
la actitud de las dos partes, la calidad de las personas,
los intereses creados, las circunstancias, el momento
preciso, la edad y la suerte... de quien te toque.
Gracias a Dios todos esos factores jugaron
positivamente en mi vida, a través de mis experiencias.
Sin embargo, de mi cuarto esposo no hay mucho
que decir. Es como si ese tiempo no hubiese existido.
No dejó huella ni mucho menos recuerdos de familia.
Lo coloqué en la categoría de la no determinación,

como un espacio vacío que ni se ve ni se
siente... ¡Ahora estoy esperando el QUINTO!

Lo Que Debió Ser

Después de escuchar a Diana Cortina no tengo ni la menor duda
de que con esa filosofía positiva pronto recibiré una nueva invita-
ción para asistir a un nuevo matrimonio y que, como este libro "no
hay quinto malo."

La productora de televisión María Martínez Henao es otro
ejemplo de una ex que acepta los problemas que terminaron con su
matrimonio.

"Contrario a muchas mujeres que culpan a los hombres de un
fracaso, yo por el contrario creo que si bien mi esposo tuvo culpa,
también yo puse mi parte para que lo nuestro se rompiera. Su trabajo en el gobierno le hacía estar constantemente de viaje, y en ese
tiempo quedé embarazada de nuestra hija. Me descuidé, y lo descuidé. Me sentía fea, mal, y lo dejé relegado a un segundo término.
Eso fue el principio del fin. Aunque en el tiempo en que estuvimos
casados él nunca aceptó haberme sido infiel, sin embargo, yo pienso
que sí lo fue. Pero yo he dejado todo eso de lado porque es un
padre extraordinario. Cumple con todas sus obligaciones con la
niña, pero no sólo con lo establecido por el juez, sino con más dinero. Aunque esté viajando acomoda el tiempo para verla y con el
tiempo y mucho respeto, ambos hemos logrado tener una muy
buena relación donde yo reconozco que a pesar de los errores como
esposo, mi ex es un buen hombre y un gran padre."

María Martínez Henao y Diana Cortina son sólo dos ejemplos de como vencer los sentimientos humanos de odio, rechazo,
impotencia, y despecho que llegan a cegar las buenas intenciones.

Comparto su forma de pensar en cuanto a los requisitos para ser una buena ex y a mí me hubiera gustado que sus historias se repitieran en el caso de las ex de mi marido.

Me hubiera gustado que la rusa y yo hubiéramos convivido en paz. Que fuera amable, que enseñara a su hija a querernos a todos. Que lo que sucedió en su vida no la hiciera sentir rabia y amargura con el resto del mundo. Me hubieran gustado tantas cosas que es mejor dejar todo en el pasado.

Con "la furia caribeña" la situación es similar. En verdad mis sentimientos fueron, hasta antes de que ella atacara, un cúmulo de buenos deseos. Sin pena confieso que hasta llegué a rezar por ella pidiendo que le fueran bien las cosas, que encontrara paz y un hombre que la quisiera y con quien tuviera la vida que con Fabio no pudo tener.

Pero la moraleja es más profunda. Aunque no tengo la menor duda de los sentimientos de Fabio para con sus exs, la situación hubiera sido diferente si él se hubiera enfrentado en su momento a ellas y les hubiese hecho entender que lo suyo se acabó y no por terceras personas, sino por ellas mismas. Sé que él las hubiera respetado profundamente por siempre, y no habrían terminado en el más completo desamor y olvido.

En fin, que como todo en mi vida, primero intento las cosas buenas, lo positivo. Si eso falla...¡Al cuerno! A cambiar el canal de la telenovela esa, porque los capítulos que se repiten aburren. ¿Odio y ataques todos los días? ¡No hombre! ¡Qué va! Para eso no estoy.

Pd.: Si al leer este capítulo "la furia caribeña" decide reiniciar la andanada en mi contra, le advierto que se prepare...Ahora no será la "revolución mexicana" a quien se enfrente sino al "vendaval soviético," en vivo y a todo color. Fácil y sencillo.

❧ ❧ ❧
Para Tener en Cuenta

Atacar e insultar a la nueva pareja de su ex produce un doble efecto negativo contra usted. Si con eso cree que la agredida le va a dejar el campo libre, ¡se equivoca!

Ningún hombre con sentido común siente pena o remordimiento por haber dejado a una mujer despechada, impulsiva y obsesiva que arremete y acosa.

Hay que buscar asesoría legal. Hay rangos en los ataques de un ex. Si el acoso es telefónico, su compañía local ofrece el servicio de "Crank calls" que por una módica suma lleva un record de todas las llamadas que se hacen a su teléfono. Este servicio sirve para que se documente un reporte policíaco. Si el acoso es físico, se puede pedir a la corte una orden de restricción. Con ella, se le ordena al agresor permanecer a cierta distancia del agredido. Tienen ciertas restricciones en cuanto a duración y otros puntos, pero en cualquier corte se puede preguntar por el procedimiento que en ocasiones puede hacerlo uno mismo.

Recuerde que mata más moscas una cucharada de miel que un litro de veneno. Más claro, las obsesiones son sólo argumentos de telenovela. Las malas de la película nunca ganan.

Tomar en consideración a la esposa actual. No ir directamente al ex marido, sino a través de ella. Contar con los dos como pareja. No estar llamando al marido para todo, a menos que se tengan hijos chiquitos.

No califique a la ex de su pareja por juicios que le den otros, sino por la conducta que tenga con usted y con los suyos.

Finalmente, ser una buena ex esposa, novia, amante, es asunto de tener buenas intenciones, y de ser sobre todo una buena persona.

4

Ex Maridos

Si bien me tocó la mala suerte de las dos ex de mi esposo, la situación se me hacía incomprensible aún más porque, personalmente, yo tengo la mejor de las experiencias con respecto a lo que debe ser un ex esposo: una relación cordial, cariñosa y respetuosísima con Antonio Sala, el hombre de quien me divorcié dos años antes de conocer a Fabio. Aunque sé que para él, el hecho de que yo rehiciera mi vida fue difícil porque éramos buenos amigos y salíamos con las niñas a todas partes, sin embargo con el tiempo fue aceptando la idea de que eso se había acabado, y poco después él mismo volvió a casarse. Siempre he dicho que Toni Sala es uno de mis grandes logros a nivel personal: es el mejor padre que pude haber encontrado para mis dos hijas quienes lo adoran, a quienes él adora y quienes forman una relación como pocas. A pesar de nuestros problemas como pareja que finalmente nos llevaron a la separación, con orgullo puedo decir que pocos padres biológicos cuidan, procuran y quieren tanto a sus hijos, como Toni y yo queremos a nuestras hijas.

Desde que en 1993 nos divorciamos hasta el día de hoy, Toni Sala nunca ha dejado de lado sus obligaciones paternas sin importar que las niñas ya son adultas. Toni siempre está al pendiente de ellas sin que haya excusa de por medio. Cuando los problemas de cada una de ellas, los de Adrianna y los de Antonietta arreciaron, Toni siempre estuvo cerca para poder brindar ayuda. Eso con respecto a ellas. Pero en lo que tocó a nosotros durante el divorcio, jamás hubo un pleito por las propiedades o el dinero que siempre generosamente compartió conmigo. Jamás rehuyó ninguna obligación que tuviera que ver con las niñas y, cuando Fabio apareció en mi vida, él me dijo que comprendía que nuestras vidas hacía dos años que habían tomado rumbos diferentes.

Sé que le fue difícil aceptar el cambio, pero, inteligente y educado como es, jamás le puso mala cara a Fabio, o fue grosero o agresivo. Todo lo contrario.

"¿Como iba a hacer algo semejante contra tu futuro marido? ¡Él no tuvo que ver con que nosotros nos separáramos! Era el hombre que habías elegido y más aún, era el padrastro de mis hijas. Con él iban a estar la mayoría del tiempo y yo quería que él fuera amable y cariñoso con ellas. Esa fue siempre mi gran preocupación. De ti no me puedo quejar porque como la primera "ex" de mi vida, siempre has sido una gran mujer que no cambió porque tuvieras una nueva persona a tu lado y eso te lo agradezco como tú no te lo imaginas. Saber que me dejaste seguir conviviendo con las niñas es algo muy grande."

Por razones tan nobles como esta es que cualquier agresividad pasional que venga de un ex para mí es incomprensible. Sin embargo, Toni Sala no puede decir lo mismo de su segunda ex esposa con quien se casó años después de nuestro divorcio.

"A ella la volví a encontrar veinte o treinta años después de habernos conocido. En la juventud habíamos sido amigos y vecinos del mismo edificio en la Ciudad de México, incluso uno de sus hermanos era mi amigo y él nos había presentado. Con los años y luego de divorciarme de ti, un amigo me invitó a una reunión y ahí estaba el hermano mayor de mi vecina quien me dijo: te voy a conectar con mi hermana que está divorciada y quien es una buena persona."

Toni comenzó a salir con la susodicha y un buen día me dio la noticia de que tenía una novia formal para casarse.

"Vivía sola y tenía tres hijas mayores. Era una abuela joven, con buen cuerpo, bien conservada, delgada, con un negocio propio, autosuficiente, es decir, aquella mujer reunía todos los buenos requisitos para un hombre de 56 años como yo tenía entonces, divorciado y a cuatro años de jubilarse como piloto de Aeroméxico. Nos casamos y viajamos mucho. Ella me acompañaba en la mayoría de mis viajes. Y yo creí ser feliz. Pero estoy consciente de que las relaciones se transforman especialmente cuando en la vida llega un punto en que empiezas a separarte de la pareja, la relación se vuelve de otro tipo y llega el momento en que empiezan a aflorar las diferencias de personalidad y entonces, ahí es donde surgieron los pequeños pleitos y los pleitos más importantes. Esos fueron los que no pudimos vencer porque había cosas de fondo. Aunque desde el principio yo compartí todo lo que tenía con ella y compré la casa en la que viviríamos y la puse a nombre de ella, sin embargo, ella nunca fue recíproca con lo suyo. Jamás supe de sus bienes personales ni como los distribuía, ni que hacía con el dinero que yo le daba."

"Poco tiempo después de casados ella comenzó a mostrarse celosa de mis hijas, de Adrianna y de Antonietta e incluso se portó mal con Antonietta al grado de dejarla tirada en un sitio cuando la niña vino a pasar las vacaciones a nuestra casa. Eso no se lo perdoné. Después, aunque se disculpó con ella, ya las cosas por otras situaciones se habían complicado. Los pleitos arreciaron cuando me jubilé durante los primeros días de diciembre del 2000. Para fin de año, los problemas fueron empeorando porque ella quería hacer una fiesta con gentes con las que yo no compaginaba bien, y por supuesto le dije que no. La pasamos solos y en recámaras separadas, aquel día de año nuevo... Después de eso no hubo manera de componernos. Un par de semanas después, recuerdo que ya me habían diagnosticado el cáncer que padezco, cuando entró en la oficina de la casa donde yo estaba leyendo, simplemente me dijo: "Ya hablé con mis hermanos sobre nuestros problemas y me dijeron que estaban de acuerdo en que me divorciara de ti." Le respondí que estaba bien. Nuestro divorcio fue rapidísimo. Por una coincidencia que sólo se da en contadas ocasiones, especialmente en una ciudad tan grande como la Ciudad de México, resulta que me tocó ir a divorciarme... ¡en el mismo juzgado y con la misma juez de nuestro divorcio! Lo que es la vida. Pero si tengo que decir algo de los dos divorcios, debo decir que el segundo fue como una liberación. Ese no me puso triste ni nada. Del divorcio contigo yo sí salí muy triste. Las cosas fueron más difíciles porque no fue un divorcio traumático con gritos, exigencias, pleitos en el proceso y porque siempre estuvo por delante tu generosidad al permitirme seguir cerca de mis hijas para querernos y cuidarnos por siempre."

Las cualidades de un buen ex esposo siempre le hacen tener como aliada a su ex. En su caso, yo siempre he sido la gran defensora de Antonio Sala. Por eso me preocupó que él, un hombre tan metódico en su vida, que había ahorrado y amasado su fortuna, con los años, y enfermo de cáncer, viniera a tener problemas a causa de un divorcio.

"Ese segundo divorcio me tomó desprevenido. Ella me pidió que no estuviera presente cuando fuera a sacar sus cosas de la que fue nuestra casa. Le di una buena cantidad por la parte que le correspondía de aquella propiedad y le dije que por supuesto cumpliría su petición de no estar presente cuando fuera a recoger lo que era de ella. Así lo hice, desgraciadamente, eso sólo sirvió para encontrarme con una desagradable sorpresa al llegar a mi casa: aquella mujer para quien yo no escatimé ni un centavo, aquella que tenía propiedades, a la que le di casi cien mil dólares en efectivo... ¡no sólo se había llevado sus cosas, sino que fue tan desconsiderada que me dejó sin lámparas, cortinas y ¡hasta sin platos para comer! Adrianna, mi hija mayor, sin que yo se lo pidiera de inmediato vino desde Ohio donde vive para ayudarme a componer el desastre que mi segunda ex había causado."

"Con el tiempo las cosas habían cambiado. Yo siempre creí que ella iba a ser mi compañera para la vejez, pero me equivoqué. Seguro que ella en un momento determinado dijo: Uy, este se jubiló, va a estar metido en casa todo el tiempo y además se me acabaron los viajes, y decidió que todo había terminado. A fin de cuentas tuvo suerte porque se evitó el proceso de mi enfermedad. No he vuelto a hablar con ella. Nunca más he vuelto a ver a los hermanos. Y el amigo que nos presentó me previno: "No vayas a cometer la tontería de hablar con ella." ¿Para qué habría de hacerlo? No tengo el menor interés, ni mucho menos algo que decirle. Sin embargo, todas estas experiencias me han hecho llegar a varias conclusiones: Primero... no le tengo miedo al matrimonio. No lo tengo a pesar de que uno de los dos divorcios me dolió y el otro no. Y segundo… ahora estoy a la expectativa en la vida. De lo que me dé emocionalmente y de lo que venga físicamente. Hoy me dedico a cuidarme y a luchar contra el cáncer. Por lo demás, mi lección sobre los exs es una sola: No pasa nada. Un ex es como un raspón. Cuando se te cura quedas listo para el otro raspón."

El productor de televisión Rafael Tejero dice que la relación con una ex toma otros colores cuando hay hijos.

"Eso cambia totalmente la situación. ¿Por qué? Bueno, porque para ser un buen ex marido se necesita apreciar lo que es un hijo, a pesar de las razones del divorcio. Yo quiero tanto a mi ex porque me ha dado lo mejor que tengo y que no se puede comprar en ninguna parte y que es un hijo. Además, cuando lo hicimos, lo hicimos con mucho amor y ese es un regalo que queda ahí por siempre. Cuando quedan hijos de un matrimonio o de una relación, uno debe entender que todo debe hacerse civilizadamente porque al final el hombre y la mujer siempre estarán unidos por un vínculo que no hay acción legal que lo termine, y por tanto, la mujer se convierte en la madre de los hijos y eso la coloca en otro sitio. Pero las cosas no siempre salen bien, y una ex entra en otra categoría si te pega, si te insulta, si te amenaza, si llama a la policía. Pero si es una persona que sencillamente es buena, normal ¿por qué uno no va a ser un buen ex?

Rafael Tejero, a quien tengo el privilegio de conocer hace veinte años, es un hombre que siempre he admirado por una cualidad singular: todas sus ex lo adoran. Y cuidado con quien intente hablar mal de alguna de ellas porque entonces Tejero se convierte en un Don Quijote de la Mancha defendiendo a su Dulcinea.

"No es que exista una receta para lograr el respeto y el cariño de quien fue tu pareja, pero si se puede hablar de eso, entonces en mi caso sería por dos razones. La primera porque nunca las he

engañado. Yo me puedo meter en problemas, pero no por mentir-
les. La segunda es nunca hablar mal de ellas ni permitir que nadie
lo haga y mucho menos en mi presencia. Lo malo que tengo que
decirle a alguien con quien comparto mi vida se lo digo de frente
sin que se entere nadie más. Así debe ser. El planteamiento es sencillo... Lo que se ve es lo que hay."

5

Hay Todo Tipo de Exs

Seguramente usted dirá que en la vida todo no es color de rosa porque si la mayoría de las ex y de los ex demostraran sus verdaderos sentimientos hacia sus antiguas parejas, terminarían en la sección de las noticias policíacas de los diarios y las revistas. Estoy de acuerdo en eso y en algo más. A mis aventuras diarias como reportera se han unido aquellas personales cuando amigas y amigos han estado en medio del proceso legal del divorcio y hay que ir a rendir testimonio en una corte para ayudarlos. He estado en los pasillos de unos cuantos juzgados, mientras "la otra parte" nos mira con ganas de mordernos. Situaciones como esas se han repetido más frecuentemente en el último tiempo. ¿Y cómo no? De acuerdo a las estadísticas, el porcentaje de divorcios en los Estados Unidos ronda entre el 43 y el 50 por ciento... y algo más: el 75 por ciento de los divorciados se vuelven a casar en un periodo promedio de tres años. A lo que me refiero es que todo este tipo de rompimientos produce gran cantidad ¿de qué cree? ¡Acertó! De exs. Ojalá y todos esos divorcios terminaran en paz, pero no es así. Lo cierto es que el bueno es el que menos abunda y con cada ex quedan detrás toda una serie de clasificaciones.

La Ex Familia

"Cuando una relación termina hay hijos que nunca se convierten en ex. De la hija y de la mujer de uno de mis ex me he ocupado y me ocuparé siempre. Incluso cuando se casó mi hijo toda la familia asistió a la boda. Además, en todas mis cuatro bodas han asistido mis ex familiares." Esto afirma Diana Cortina, una experta en llevarse bien con todos, y tiene razón: No hay nada más agradable que la convivencia sana, pero resulta que hay otras personas que tienen menos suerte. Mi cuñada Yuyita dice que con cada relación que termina su hijo, ella queda siempre "con el corazón roto." "No sólo porque la familia se rompe, sino porque me encariño con la nuera, con la familia de la nuera, con los hijos de la nuera si estos existen. A las niñas de una de mis ex nueras las he considerado desde el principio como mis nietas, tanto, como lo es mi propia nieta. Y las quiero mucho. Sin embargo, me duele que luego de la separación ya no las puedo ver tanto como antes porque ya no viven en la misma ciudad. Para evitar los sufrimientos y tener ese tipo de ex relación es que le he dicho a mi hijo que no me voy a involucrar sentimentalmente nunca más con sus futuras parejas. Eso he decidido, es lo más sensato para mi salud mental y emocional."

Los y Las Aquí Estoy

Hay ex que disfrutan y quieren ser invitados permanentes de cenas, cumpleaños, bautizos, y velorios. Allí se presentan deliberadamente con malas intenciones para provocar celos en el otro cónyuge que no entiende bien la situación ni el por qué de la presencia melosa e innecesaria de estos personajes, que rápidos y raudos no desatienden ningún evento donde se encontrarán con su ex pareja y la nueva pareja de éstos. Disfrutan en mostrar cuanto los quiere su ex familia política y gozan poniendo a todos en una posición difícil. Cuando alguien les dice que no lo hagan, fingen no entender y siguen ahí como si nada.

Ex con Sentido Común

Si la relación entre una pareja fue buena y se siguen llevando bien al estar separados, se reúnen periódicamente para discutir los asuntos de los hijos y mantienen un contacto estrecho, cuando uno de ellos tiene una nueva pareja eso ya no puede ser de la misma forma. Si usted y su ex tienen que verse, lo ideal es que siempre se cuente con la nueva persona en su vida y se le integre a la conversación.

Los Confundidos

Ese ex con el que no se puede cruzar una palabra en paz. No entiende razones. Hombre o mujer que viven pendientes hasta del último segundo de aquello que hace quien ya no forma parte de su vida. Aceptan primero las cosas y después se retractan, comenzando con el juego malvado de sacar de las casillas a su ex cónyuge. Necesitan negociar un buen acuerdo de divorcio y para eso utilizan todo lo que tienen a su favor. Al final, después de una larga y desgastante guerra en la corte se dan cuenta de que obtuvieron algunas cosas, pero que probablemente hubiesen sacado más de otra forma más civilizada y conversando.

El Ex con Complejo de Avestruz

Hacen cosas que ellos creen que nadie ve. No sólo rompen la relación con su pareja sino que cometen adulterio y pretenden que nadie se de cuenta. Practican un tipo de abuso sutil.... Para que nadie invada su mundo evitan el contacto con cualquiera que pueda descubrir sus planes. Son como los avestruces; tienen la cabeza en el hueco... pero dejan el cuerpo afuera.

Los Que Siempre Hablan de su Ex

El estilista Leo Perez-Herrera del Salón Avantgarde de Coral Gables, Florida, dice repeler a dos tipos de ex que abundan en este tiempo de tantos divorcios: "Uno es el que siempre está hablando del ex. Que bueno era fulanito, que buena era fulanita. Pasan el tiempo exaltando las virtudes de aquella persona a quien dejaron y resulta que probablemente cuando estaban juntos se llevaban como perros y gatos. Cuando escucho eso, generalmente les digo: entonces si eran tan buenos ¿por qué se divorciaron? El otro tipo de ex es aquel que pasa todo el tiempo poniéndole 'el cuerno o los tarros' a su pareja. Hablan pestes de él o de ella y simplemente han organizado su vida de esa forma. Pasa el tiempo y cuando te los vuelves a encontrar, siguen en el mismo cuento: 'No aguanto a mi mujer.' 'No soporto a mi marido.' Cuando los cuestiono, invariablemente la respuesta es la misma: prefieren seguir juntos, aunque sea malo, antes de quedarse solos. Y al final terminan separándose y más solos que cuando comenzaron."

Los Descarados

Cuando terminan una relación, llámese matrimonio o lo que sea, estos personajes son capaces de inventar cualquier historia difícil de creer. Una amiga mía recién divorciada de un profesional reconocido, tuvo que escuchar todo tipo de excusas. En lugar de que el personaje le confesara la verdad a su mujer, una verdad tan sencilla como decir: 'lo siento, pero me enamoré de otra mujer,' comenzó a fabricar mentiras sin medir las consecuencias. Un día mi amiga amaneció al borde del terror por ella misma y por lo que le podría pasar a sus hijos. Resulta que su ex marido le dijo que estaba amenazado de muerte y que esa amenaza podría alcanzar a su mujer e hijos. El asunto es que, aprovechando un viaje que la esposa hizo fuera de la ciudad, el personaje se fue de la casa. Cuando mi amiga regresó se encontró con que el marido se había ido de la casa. Al preguntarle donde estaba, la respuesta fue: "Me tuve que ir para evitar que te hicieran daño a ti. Ahora ya me perdonaron a mí también." Dicho eso le aseguró que no podría darle la dirección de su nueva casa porque era peligroso para ella, no fuera a ser que los que lo buscaban para matarlo le fueran a hacer algo a ella. Con el tiempo mi amiga descubrió la verdad de todas aquellas mentiras que la dejaron noches en vela pensando en que alguien pudiera matarla. Su ex marido se había mudado a casa de una de las mujeres que tenía, y en lugar de enfrentar a su esposa con la verdad, prefirió inventar toda una historia que a fin de cuentas terminó dañando a su ex esposa y rompiendo irremediablemente la relación con los hijos una vez que descubrieron la verdad.

Los de Amor Condicionado

Gisela, una atractiva divorciada, madre de dos hijas de 19 y 22 años, ha vivido una muy buena relación de noviazgo con un hombre cinco años menor que ella. El problema no es la edad. El problema radica en el pasado de su novio. "Él lo perdió todo en su primer matrimonio, se llevaban bien al grado de tener con su ex esposa un negocio en común. Después, cuando las cosas fueron mal, al parecer el divorcio fue complicado y ella en el juicio de divorcio le quitó gran parte de sus propiedades y ganancias."

"¿Resultado? Todo lo que vivió entonces le cambió la forma de pensar y aunque nos llevamos de maravilla la relación simplemente no avanza. Cuando le pregunto, su respuesta es siempre la misma: él dice que el tiempo le dará pruebas para creer en mí porque sus problemas con la primera esposa le quitaron la capacidad de confiar en alguien. Es cariñoso, hogareño, le gusta estar y recibir visitas en su casa, es expresivo, pero a pesar de eso no hace planes de nada que vaya más allá de tres semanas. Lo único de lo que dice estar seguro . . . es no querer complicaciones con ninguna mujer."

Los Que No Dicen "Te Amo"

Milly Pagán, una experta en maquillaje que tiene su negocio en Miami, divorciada dos veces y con una hija de 20 años, se liberó de un personaje fuera de lo común: el que por nada del mundo le dice a una mujer...¡te amo! Cuando yo le preguntaba que pasaba siempre me respondía que no podía decirle a nadie algo semejante. Lo más cercano al cariño era decir: "te extraño." Yo le respondía: me acuesto contigo, me baño contigo, estoy gran parte del tiempo contigo, ¿y no me puedes decir que me quieres, que me amas? En realidad así era. Yo era cinco años mayor que él. Lo había conocido de la forma más extraña, en un laboratorio médico adonde yo había ido a hacerme unos análisis de sangre. Al principio las cosas fueron súper bien. Yo sabía que no me era infiel, que a su casa nadie llamaba, que contestaba el celular estando conmigo, que nada extraño estaba causando esa conducta, pero lo difícil era saber que no me diría nunca "te quiero." Un buen día, cuando no aguanté más, fui yo la que terminó la relación porque simplemente me di cuenta de que como ser humano me doy a querer y como ser humano merezco que me quieran. El cariño no se mendiga. Hoy estoy segura de algo: nadie debe suplicar a nadie que lo quieran. Y he aprendido bien la lección.

Los Cariñositos

Hay situaciones que muestran cuando la relación con un ex es aceptable y verdaderamente cordial, y cuándo las cosas comienzan a tener un perfil patológico. Mucho cuidado cuando el ex comienza a hablarle al otro ex de cosas privadas que les recuerdan sus años juntos. Prohibido el "¿Te acuerdas que bien lo pasamos aquí o allá?" o "El otro día vi fotos y recordé tal cosa que hicimos juntos." Es una mala señal que el ex llame al otro con el nombre que utilizaban en privado. Ojo con aquello de Baby, Papi, Cosita o Cosito, Cielito, etc. Hay que tener un oído de antena parabólica para poder escuchar bien.

Ojo, Mucho Ojo

Hay que estar pendiente de que una cosa es un trato cordial y la otra es estar flirteando o coqueteando para recordar viejos tiempos. Hay que definir puntos claros que no deben sobrepasar los límites. Un ex tiene que tener tratos con la madre o el padre de sus hijos por lo que concierne a estos, pero debe establecerse que esas reuniones son únicamente eso, reuniones, no citas amorosas, sin importar lo bien que se lleven.

Finalmente diría la mexicana Ilse Baroudi: "¿Para qué tanto lío con un ex? Quizá lo mejor sea matarlos de indiferencia y enterrarlos en el panteón del olvido. Y con eso los mata uno y nada más."

6

El Arte del Chantaje

La pieza más preciada del ajedrez de una ruptura o de un divorcio es el chantaje, que permite lograr cosas y dominar conciencias. Difícilmente alguien podría igualar lo que Tina María Salinas vivió a causa de un personaje chantajista. Especialista en Relaciones Públicas residente de Los Angeles, Tina María, una abuela jovencísima con un cuerpo y una presencia envidiable, narra lo que fue viajar al infierno por cuenta de una relación viciada.

"Durante dos años estuve viviendo con un famoso roquero. Soy una mujer mayor que se enamoró y que quería escribir un libro que se titulara: 'Soy abuelita y me enamoré de un roquero.' Cuando me conoció, se volvió loco conmigo a pesar de que tenía 13 años más que él. Entró por una puerta y cuando me vio, 'donde puso el ojo puso la bala.' Mi madre había muerto hacía pocos días y yo estaba triste y vulnerable. Me lo encontré y el primer día que salimos en una cita, me dijo: 'Dios te hizo para mí, algún día vas a saber por qué.' Yo era su reina y él estaba a mis pies. Para seguirme enamorando no escatimó esfuerzo: Fue a Miami a ver a mis hermanas para decirles que estaba tan enamorado de mí que quería morirse a mi lado. En medio de todo, no me daba cuenta de que todas sus frases eran un chantaje emocional. Desafortunadamente, no me di cuenta de nada hasta que no hice un recuento de los daños cuando todo terminó y llegué a la conclusión de que el roquero aquel en realidad siempre me decía lo que yo quería oír. Era un maestro de la conquista. Mejor dicho, no era un maestro, era todo un catedrático en la materia. Era el presidente de los 'engañamujeres' internacionales. Y por supuesto, no perdía un momento para hacerlo."

"Después de seis o siete salidas donde me divertía de lo lindo porque era simpatiquísimo, me dijo que nos contáramos 'nuestras cosas', todo eso bajo una luna súper romántica y en ocasión de mi cumpleaños. Entonces le digo: tú primero. Y ahí comenzó. Me dijo que había sido muy mujeriego, muy reventado, muy fiestero, que siempre dejaba abandonadas a sus mujeres y que incluso había tenido hijos fuera del matrimonio (que en ese momento tenía por lo menos un año de estar separado). Todo esto me lo decía rociado de un arrepentimiento marciano, como diciendo: Que asco me doy por haberme portado así. Acto seguido, bajo la luna californiana, que yo veía más grande y redondota y con dos copas de vino, me dijo con cara de borrego enamorado: 'Tina María, ahora que te conocí a ti todo ha cambiado porque ¡YA SABÍA QUE EXISTÍAS EN MI VIDA...SÓLO ME FALTABA CONOCERTE! ERES LA MUJER QUE SIEMPRE SOÑÉ.'"

"En ese momento se paró mi mundo. No pensé en nada más

que en el 'roquero Romeo.' Por supuesto que le creí que yo era lo que buscaba y que sólo le faltaba encontrarme, y de más está decir, que de paso le creí que nunca más sería infiel, y literalmente, con la boca abierta, se me cayó la 'baba' y me enamoré perdidamente."

Dios Tc Hizo Para Mí

"Como a los dos meses comenzamos a vivir juntos. Entonces, cuando empecé a vivir con él, estaba grabando un disco, y a cada momento exteriorizaba sus inseguridades. Me decía: 'Ay, mi amor, si este disco no funciona, me retiro y me pongo a hacer otra cosa.' Para esto, como yo creía que él al fin y al cabo era 'mi hombre' y yo la mujer con la que él quería pasar el resto de su vida, y además muy tradicionalmente mexicana, yo lo ayudaba, iba de compras para mandarle cosas a sus tres hijas. (Entonces eran sólo tres, ahora ya tiene unos cuantos más regados geográficamente.) Pero regresando a ese momento, yo pagaba la renta, cocinaba todos los días y le daba todo el amor y todo el apoyo mientras él no hacía otra cosa que su disco. Después de todo, pensaba yo, de acuerdo a su famosa frase 'Dios me había hecho para él,' y era el hombre que se iba a morir conmigo... ¿cómo no sacrificarse un poquito por él? Como buena mujer mexicana debía estar a su lado en las buenas y en las malas... ¡No faltaba más!"

"Sigo contando esto para que las mujeres no sean tontas cuando las estén chantajeando emocionalmente y descaradamente en su propia cara sin que se den cuenta. ¿Por qué? ¡Porque nos están diciendo lo que queremos oír!"

"El famoso disco que estaba grabando, resultó ser un éxito que lo llevó 'a los cuernos de la luna.' Entonces él comenzó a viajar y a dejarme sola tres y cuatro semanas porque andaba en la promoción del disco. Para esto, me hablaba cinco veces al día. Del avión, cuando llegaba al aeropuerto, cuando llegaba al hotel, de las estaciones de radio y hasta desde el show, dejándome siempre boquiabierta: 'Mi amor, en dos minutos empieza el show, te hablo para dedicártelo.' Entonces yo le decía que yo quería estar ahí con él para compartir su triunfo. Y me respondía: 'Sí, pero estoy trabajando. Aunque al mismo tiempo este éxito sin ti a mi lado, sin ti en mi vida no significa nada.' Así me tuvo el primer año, pero como me hablaba cinco veces al día yo seguía tan enamorada que no podía ni trabajar, ni ver a mis amigas ni hacer mi vida, porque aquellas cinco llamadas ¡eran de hora y media cada una! Monopolizaba mi tiempo y terminé viviendo sólo para hablar con él. Otra de las cosas que me di cuenta más tarde, es que él lo hacía porque era posesivo y porque le obsesionaba chantajearme. Además, no me dejaba salir con nadie, si lo hacía y él se enteraba me armaba un escándalo de padre y señor mío."

"Un buen día, aburrida de una relación que se volvió telefónica, controladora y chantajista, terminé con todo. Me dolió terriblemente, me dejó el corazón partido y él, que se encontraba en Sudamérica de gira, tomó un avión al día siguiente y voló quince horas para venir a Los Angeles a hablar conmigo. Y me convenció para volver. Siempre llegaba lleno de regalos y de amor y en ese momento se me olvidaba todo. Cuando ya no le funcionaron los perfumes y regalos me dijo que pusiéramos un departamento en México para que yo estuviera ahí cuando él llegara. Para esto, no me permitía ir a ningún show donde actuara por más cerca que estuviera de Los Ángeles: después supe porque era esto. La mayoría de los roqueros y músicos, al terminar los conciertos se van con sus amantes de turno o con las llamadas "groupies" (fanáticas obsesionadas por su artista favorito). Todas estas mujeres los esperan para tener orgías de sexo con ellos donde sea y como sea. Por eso yo no cabía ahí."

"Después de que pasaron muchas cosas y pusimos el famoso departamento de México donde poco a poco permitió que fuera a verlo en un concierto, ahí terminó todo. Un buen día me fui de sorpresa al departamento para arreglarlo y esperarlo cuando llegara de una gira... y recibí la sorpresa final: todas mis fotos estaban guardadas en un cajón y al lado de la cama había condones, ropa interior de mujeres y hasta un anillo y aretes de una tipa que seguramente los dejó ahí. Ese fue el principio del fin que llegó un año después."

"Sentí que una estaca me atravesaba el corazón. Analicé su recibo telefónico con llamadas a varios países del mundo. Y cada una de las llamadas ¡era de una hora, u hora y media! Tal y como lo había hecho conmigo. Ese era su estilo cuando una mujer le gustaba. Hablarle y hablarle. Me senté en las escaleras, lloré sin parar como una hora, destrozada. Después tomé fuerzas, me levanté y puse todas mis cosas en una maleta. Los condones, los calzones y los aretes los puse en un sobre en un lugar visible con una nota: 'Aquí te dejo este regalito de tus p...as que es lo que te mereces tener en la vida y no a mí. Y me fui. Llamé a Maribel Guardia que es mi mejor amiga en México, mandó a buscarme, lloré como tres días en su casa y ahí se acabó la historia."

Tina María sobrevivió a la etapa de chantajes de su ex y dice haber aprendido múltiples lecciones: "No todo lo que brilla es oro. Las mujeres no tienen que ser vulnerables y tienen que aprender a leer las señales entre líneas. Cuando un hombre te confiesa voluntariamente sus defectos y lo que no hará contigo... eso es exactamente lo que va a suceder. Al final de cuentas, él me dijo aquel día de mi cumpleaños en California que me adoraba y que nunca me sería infiel, cuando lo que verdaderamente me quería decir es: Te voy a engañar, te voy a dejar abandonada, pero mientras tanto, vas a ser muy feliz escuchando lo que quieres oír, con los mejores cuentos del mejor cuentista de tu vida."

"Yo era víctima de sus chantajes a cualquier hora de la madrugada y a larga distancia porque me hablaba sin más para decirme: 'Dime que me amas nena, dime que no me vas a dejar nunca. Si me dejas me muero, dime que no lo vas a hacer nunca.' Yo dormida, entre sueños le decía: 'sí mi amor, claro.' Me despertaba más enamorada que nunca y después que todo se terminó, en el recuento de los daños, como diría Gloria Trevi, caí en cuenta de que esas llamadas sucedían cada vez que el roquero se acostaba con otra mujer y sentía remordimientos y quería reafirmar que yo, su mujercita en turno, estaba ahí esperándolo sin que importara nada más."

"Gracias a él estoy como estoy ahora. Gracias a él sufrí como una desgraciada. Durante el primer año después que me separé de él, me tomé una botella de vino diaria y me fumé un paquete de cigarrillos diarios y lloré tantas lágrimas como para llenar un mar completo. La decepción tan grande que sufrí por esta relación chantajista, me dejó un vacío muy grande en mi espíritu de mujer. Dejé de creer en los hombres, en la pareja y en las relaciones. Pero un buen día, una amiga mía al ver mi autodestrucción me llevó a una iglesia cristiana. Me volví cristiana y mi dolor acabó.

El único hombre que amo y que siempre amaré, el que nunca me va a fallar y nunca me va a engañar es Dios, Jesucristo. Hoy soy feliz y vivo en paz. Nunca dejaré de creer en el verdadero amor y yo sé que algún día Dios lo pondrá en mi camino. Aprendí la lección más dura y si puede servir de consejo les diré que ningún hombre o mujer que busque el amor, se debe conformar únicamente con palabras. Que exijan que los hechos demuestren la buena voluntad del compañero. Entonces y sólo entonces podrán entregar su corazón."

En el arte del chantaje o coacción, hay una gran variedad de colores y sabores. Jorge Rey Fajardo habla del chantaje que le tocó vivir hace años. "Me había separado de mi primera esposa y eran los primeros tiempos de la separación cuando uno está presentando los papeles en el juzgado, que es el momento en que las cosas son más que tensas. Resulta que yo le hablaba por teléfono a mi ex para ponernos de acuerdo en la hora en que me permitiría pasar a recoger a nuestra hija. Había días que me decía a tal hora y me dejaba a la niña varias horas después sólo por molestarme. En otras ocasiones era cuando a ella le convenía, para provocar un pleito entre nosotros. El colmo fue en el momento en que simplemente me dijo que no me la dejaría aquel fin de semana. Ahí sí que monté en cólera. '¿Que no vas a dejar que me la lleve?' 'Así mismo,' me respondió. Me armé de valor y la enfrenté. 'Ok. ¡Tú no me dejas que yo conviva con mi hija, pero fíjate bien lo que estás haciendo porque ya me tienes harto! Si no cambias de forma de actuar, vas a ver que me encuentro con otra mujer, la embarazo y tengo otra hija con ella y entonces vas a tener que vivir las consecuencias!'"

De acuerdo a Jorge Rey esto bastó para que su ex entendiera que no se iba a dejar chantajear y que todo podría complicarse para

ella, porque una vez que existiera otra mujer y otros hijos, lo que
había de dinero y comodidades tendría que repartirse entre los
otros "retoños."

"De más está decir," dice el padre víctima de chantaje, "que ahí
se acabaron los problemas y que nunca más mi primera esposa se
puso en mi contra." La lógica para estas víctimas del chantaje es
sencilla: el valiente vive... hasta que el cobarde quiere.

7

Yo También He Sido Ex

A menudo, el periodista y escritor Jorge Ramos dice que en un libro pueden ponerse muchas cosas: "El papel lo aguanta todo Collins, y, que bonito es que, como autor 'los malos' y 'las malas' no tengan nada que ver con uno y que cualquier cosa le pasa a todos los demás, 'a mí no.' ¿Cómo puede ser posible eso? ¿De qué forma reaccionamos ante la misma situación que enfrentan los demás?" Ramos tiene razón. Escribir estas páginas no indica que todo le sucede a otros, pero a uno...no. Eso solamente sucede en el mundo de la suposición. En el escenario real, la vida se encarga de colocarnos en el sitio donde en su momento hay que sufrir y llorar. Lo digo y lo repito. ¿Acaso por trabajar en la televisión eso me libra de angustias, ansiedades y tristezas o de sufrir por lo mismo que los demás? ¿Acaso por lo mismo no he sentido rabia y frustración? La respuesta es...Ojalá que así fuera. Pero no es cierto.

Como ex he tenido que enfrentar situaciones donde lo más importante es nunca olvidar la ley de la causa y efecto. En palabras más claras: el "si hago esto" entonces "la vida se encargará de devolvérmelo."

En realidad no he sido ex en muchas ocasiones. Nada más las necesarias para darme cuenta de que me estaba embargando la rabia y la frustración y que esos sentimientos no son más grandes que los otros que tengo como una buena persona que no le hace daño a nadie.

Enfrentando a Don Juan Tenorio

También yo he tenido que enfrentar a todo tipo de exs. Hace unos veinte años, cuando recién quedé viuda del padre de Antonieta, conocí a alguien a quien sólo recuerdo como la versión moderna de Don Juan Tenorio, el inmortal personaje novelesco del siglo de oro de la literatura española. Era alto, atractivo, profesional, exitoso, le gustaba la buena vida y tenía con qué vivirla. De inmediato aquella versión terrenal del "príncipe azul" me presentó con su familia con quien guardo lazos de amistad hasta el día de hoy. Yo, ni para qué decirlo, creía vivir una telenovela. ¿Qué más podía pedir? Seguro, me repetía, que mi difunto marido desde el cielo "me lo ha puesto en el camino." Seguro que el difunto lo hizo, sí, y "desde el más allá," ¡pero para que no le fuera infiel! En "el más acá," una vez pasados los primeros meses del tiempo del enamoramiento, mi principesca versión de Jorge Negrete y Pedro Infante comenzó a desvelarse en un mundo extraño de silencios y ausencias. Se desaparecía sin que hubiera poder humano para encontrarlo. De pronto se volvía distante. Trabajaba a cualquier hora "porque el deber lo llamaba." ¿Le suena familiar, no? Entonces no había celulares, pero lo mismo sucede hoy cuando los modernos mujeriegos desafían a la tecnología y, simplemente apagan el teléfono y no contestan. Entonces su excusa favorita es: "Perdóname pero no sé que le pasa a este teléfono que en ocasiones no me entra la señal." Así sucedía entonces. Pero todo terminó cuando, precisamente por el trabajo se tuvo que mudar de la ciudad donde yo vivía, y tuvo que cambiar su "centro de operaciones." Poco tiempo después, cuando el atento novio me pidió ir a visitarlo nada parecía estar fuera de lugar. Pero mi instinto periodístico me hacía percibir un "movimiento raro" del servicio doméstico de aquella casa. Luego de unas cuantas visitas, la sensación era más perceptible. Ahí se palpaban los "tarros," "cuernos," llámele como quiera a la infidelidad. Cuando yo llegaba, el personaje (cuyo importante rango le hacía tener secretarias, choferes y guardaespaldas) en principio lucía preocupado, nervioso. Después se calmaba. Poco trabajo me costó investigar el motivo. Materialmente parecía una caricatura de Don Juan Tenorio y corría a esconder, y sacar de un baúl, de acuerdo a quien llegara, ¡la foto de la visitante en turno! Si yo era la que llegaba, entonces mis fotos se encontraban por todas partes de esa casa. *"Es que tengo que tenerte por todas partes, así me siento que no estamos tan separados."* Ja, ja. Tonta yo que le creí. El personaje vivía perfectamente en aquel papel que le hacía ir al aeropuerto de la ciudad más que al trabajo que tenía. Se iba una novia y llegaba otra. En realidad, no sé como no le dio un ataque al corazón en medio de semejantes correrías y como era que aguantaba, sin padecer un ataque de nervios. Lo cierto es que, para mi fortuna, un despechado empleado a quien él despidió, tomó mi número telefónico de la agenda de direcciones y me llamó para contarme la desdichada historia con datos y señales. Ahí se le acabó el teatrito, por lo menos con-

migo, porque más allá de la acción de aquel hombre para dañar a su
ex jefe, estaba mi instinto que siempre sospechó de que algo anormal ocurría alrededor.

Por supuesto que le creí todo lo que me contó. ¿Por qué no?
Nadie mejor que uno para seguir sus propios instintos. La venganza del personaje contándome aquellas "actividades amorosas"
hoy me dan risa, pero en ese entonces me hicieron llorar. Éramos
por lo menos dos las novias, aunque a aquel "vengador anónimo,"
yo era la más viable candidata a la mano del "príncipe azul." Más
claro: conmigo sí se casaría en un futuro. "El señor, con todo y su
vida de mujeriego, sin embargo, dice que usted es la mejor persona,
la más culta, con la que él puede hablar, la que lo ayuda en sus dis-
cursos, la que lo aconseja, y a la única que su familia quiere." (En
eso sí que el hombre estaba en lo cierto, yo era la tonta más tonta
de la pradera). Pero con las otras menos inteligentes... ¡cómo se
divertía de lo lindo! Encontré en el maletero de uno de los autos,
(tal y como me dijo el ex empleado) toda una colección de fotos
enmarcadas, mías y de la otra. ¡No hombre, que va! Me prometí
indignada: Nadie que haya llegado temprano al reparto de sentido
común sigue en una relación como esta. No hay nadie que valga la
pena para que otro ser humano acepte migajas de cariño, ni acepte
semejante abuso. ¿Qué hice para terminar con aquello que por supuesto en su momento me llenó de rabia, de dolor y frustración?
Bueno, sencillo. Sin previo aviso llegué de visita a casa del Don
Juan, quien por supuesto casi se muere al verme.... Porque por
supuesto, tenía adentro a la "visita" en turno.

Sin gritos, ni groserías, ni cosas fuera de lugar le descubrí el
juego. Mientras él no sabía qué hacer ni qué decir, lo dejé con la
boca abierta y simplemente salí de aquella casa para siempre. No
hubo duda de que me presenté ahí para desenmascararlo y para que

le quedara en claro que si alguien tenía dignidad en medio de aquella comedia barata... Ese no era él, sino yo. Y que no había vuelta
al pasado.

Tomé un taxi y tan rápido como había llegado me marché al
aeropuerto. Para mi sorpresa, ¡me alcanzó llorando! Semejante
hombre tan poderoso, el que "creía saberlo todo" y creía burlarse
de cuanta mujer se encontraba... ¡estaba ahí para pedirme que no
me fuera! "En realidad lo que he hecho no tiene excusa, pero no
quiero que me dejes, tú has sido el gran apoyo de estos años de mi
vida profesional. Estoy loco y desubicado, pero quiero que no te
vayas de mi vida y que entiendas que si soy mujeriego, no hay nadie
más importante que tú. La persona que estaba en mi casa cuando
llegaste escuchó todo lo que dijiste, se enteró y se fue. En realidad
la que importa eres tú. Mi familia te quiere, yo también. No te
vayas, y entiende por favor que esto que he tenido es una locura
pasajera por las mujeres y que en todo caso todas las demás son las
capillas... ¡Y tú la catedral!" Eso fue más de lo que pude escuchar.
Salí corriendo para la sala de abordaje, tomé el avión, no le con-
testé sus llamadas de arrepentimiento... Y nunca más le volví a
ver. Cuando en septiembre del 2004 murió mi padre, su familia me
llamó para darme el pésame y de paso, para ponerme al tanto de la
suerte del fallido Casanova. Veinte años después sigue de mujeriego. De aquel galán sólo quedan rastros, los años le cayeron encima... sigue solo y seguramente solo terminará. Allá él con la vida
que escogió. A mí la vida me ha recompensado por aceptar sus
retos para el cambio y me premió con Fabio. Así que por mi parte,
le conté a su hermana que yo estoy felizmente casada. El tiempo de
sufrimiento me sirvió para saber lo que quiero y lo que no quiero
de un hombre. Y lo más importante: que después de aquellos des-
gastantes capítulos a larga distancia, nunca más me involucré en

semejante tragicomedia de la vida real. ¿La moraleja? Al ver a un personaje "donjuanesco" y similar cerca de su vida... ¡Huya! Corra y póngase a salvo, que ahí no tiene nada más que hacer que perder el tiempo.

Predicando con el Ejemplo

Cuando en el año 2000, Antonio Sala, mi ex esposo nos informó que se casaba, me enfrenté con una situación que no imaginé vivir con mis dos hijas. Ellas llorando se rehusaban a aceptar que su padre fuera a unirse a otra mujer. Ahí entró mi buena voluntad y mi deseo de que entendieran que la vida era así. Cuando dos personas se separan, no deben mediar sentimientos mezquinos y todos tienen la oportunidad de rehacer su vida. Fui clara al hablar con ellas: Eran afortunadas porque su padre nunca dejaría de serlo y además del padrastro que tenían en Fabio, contarían con una madrastra, que a menos de que les demostrara ser otra cosa, en principio era la nueva esposa de su padre y no deberían tratarla como a una extraña, ni ponerle "malas caras" ni hacerle groserías. Al estar de visita en su casa, cooperar de la misma forma que lo hacen conmigo en nuestra casa, y sobre todo, ser amables y afectuosas si la mujer lo es con ellas. Si no lo fuera, no entrar en pleitos y guerras, sino demostrar el respeto que todos merecen. ¿Por qué actuaba así? Muy sencillo. Adoro a mis hijas y quiero lo mejor para ellas.

¡Sólo una mente enfermiza puede forzar a los hijos a comportarse de otra manera sin temor a provocar una guerra! A mí me interesaba que la nueva mujer de mi ex marido tratara bien a mis hijas, a fin de cuentas, mientras estuviera casada con el padre de ellas, esa iba a ser una relación que iba a durar mucho tiempo. Creo que senté las bases porque, por lo menos en apariencia, la segunda esposa de Antonio Sala, por lo menos trató a mis niñas de una manera civilizada, que es lo que yo he querido con los hijos de Fabio. No pretendo ser la madre biológica de nadie a no ser las dos hijas que parí. Pero sí /6merezco respeto y la oportunidad de que sin rencores tengamos una relación respetuosa. Con Antón las cosas son cada día mejor y de Antonietta y Adrianna para con Fabio, ni que decirse.

Lidiando con el Pasado

Pero cómo lidiar con un ex ha sido algo que me ha tocado aprender jugando entender el papel que me ha tocado en la vida. Cuando joven, siendo flaca, pobre y fea, (y sin nadie que me dijera ni ¡salud! al estornudar) supe lo que era la humillación de que me dejaran por el físico y no por lo que era como persona. Pero con los años la dulce venganza llegó cuando aquel que como dicen los cubanos, "no me calculó," me buscó en circunstancias totalmente diferentes: Había sido mi novio durante nuestros años de estudiantes. Hijo de una familia rica fue forzado por ésta a dejarme porque conmigo no tendría porvenir financiero...En cambio, tendría que casarse con una muchacha rica de la mejor sociedad de Jalapa, en Veracruz. ¿Qué hizo el cobarde personaje? Me contó el grave dilema ante el que se encontraba. "Nunca he sido pobre. Yo nací teniéndolo todo y no sabría que hacer en otras circunstancias," me dijo un buen día. "Si nos casamos, mi padre me amenazó con desheredarme. Tú has sido pobre, pero yo no." Muy dignamente, terminé aquella rela-ción. ¿Y qué pasó con el "romántico" personaje? Absolutamente nada de lo que él o su familia habían pensado, sino más bien todo lo contrario. Se casó con la empleada de una tienda de fotocopiadoras, no con ninguna rica heredera con cuya familia la suya "uniera su capital." Vivió la tragedia de perder a su primer hijo. El padre que le había ordenado dejar a la "pobretona," un buen día, cuando yo ya era reportera de la vicepresidencia de noticieros de Televisa me llamó con una súplica. "Soy fulano de tal y por favor no vaya a colgarme el teléfono. Le llamo por dos razones. Una, para pedirle perdón por el daño que le causé al evitar que usted y mi hijo se casaran, y la otra, para pedirle su ayuda. Me acaban de diagnosticar con cáncer y usted entrevistó hace poco a uno de los mejores médicos mexicanos especialistas y ese doctor es mi última esperanza... Ayúdeme por favor." Mientras una gran mayoría ni siquiera hubiera escuchado la conversación y hubiera colgado, yo no lo hice así sino que hice las dos cosas que aquel hombre me pidió. Le conseguí una rápida cita con el Dr. Rafael de la Huerta, famosísimo oncólogo mexicano...Y personalmente lo perdoné. Lo llamé para decírselo, lo que fue una gran liberación.

"Le llamo, señor, porque quiero que sepa que desde el día que me habló pidiéndome ayuda decidí poner fin a aquel triste capítulo de mi vida pasada. Tenía sólo 18 años cuando usted rompió mis ilusiones forzando a su hijo a una situación en la que tampoco él demostró tener pantalones para defender lo que supuestamente quería. Pero está bien. Mire a dónde he llegado. A usted le debí muchos años de lágrimas y frustración al sentirme rechazada por algo de lo que yo no tenía culpa: por haber sido pobre. Pero también le debo, para ser honesta, el impulso para lograr lo que hoy soy. Sin la presión sobre su hijo, quizá nos pudimos haber casado, y probablemente hubiéramos sido felices. Pero no fue así y hoy todo es mejor para mí. Por lo demás, esta decisión también es egoísta de mi parte. Perdonando el daño que me hicieron, al mismo tiempo me estoy reconciliando con la vida. Qué lástima que hayan tenido que pasar tantas cosas, pero qué bueno que todo ha sucedido así."

El arrepentimiento de aquel hombre fue un momento de sanación increíble para mi alma. Con los años, increíblemente también, él y Dorita su esposa a quien yo llegué a querer y quien me quiso mucho, así como su hija Dorita y los hijos de ésta (eso sí, con la condición de que en el "tour" nunca estuviera mi ex novio) me visitaron en varias ocasiones durante mis años de Corresponsal en Los Ángeles en la década de los noventa. Ahí conocieron a mis hijas a quienes verdaderamente trataron como nietas. Y nunca, nadie, hubiera imaginado al vernos disfrutar comiendo en familia, que hubiéramos vivido algo tan doloroso que el perdón borró totalmente. Por lo menos dos o tres veces por año me llamaban y lo siguieron haciendo mientras tuvieron vida. El padre murió primero, y su esposa después, no sin antes repetirme hasta el cansancio cuán arrepentidos estuvieron y cuanto me querían. Al enterarme de sus muertes lo sentí profundamente. Si alguien me pidiese narrar un verdadero momento de reconciliación en mi vida, lo que viví con ellos y que aquí he narrado lo ejemplifica. El perdón verdadero enaltece y lo hace crecer a uno.

Seguramente también se preguntará ¿qué sucedió con el hijo, es decir, el novio fallido que huyó porque yo era pobre? ¡Ah! Bueno, ese fue otro cantar. Tampoco soy tan buena. A él la vida le cobró con creces el haber abusado de quien inocentemente lo quiso, y por supuesto como el malo de la historia tuvo un final de telenovela. En medio de sus problemas matrimoniales y de salud, el personaje llegó a buscarme un día a Televisa. Era 1983. "Vengo a pedirte perdón y a que comencemos una nueva vida," me dijo por teléfono. "Estoy dispuesto a hacer lo que tú quieras." Sin pensarlo dos veces recuerdo hasta el día de hoy lo que le dije entonces. "Está bien. ¿Dices que por mí dejarías la vida de desastres emocionales y físicos que llevas? Ok. Está bien. Enseguida estoy contigo por la puerta que da a una de las calles aledañas del edificio." Ahí se quedó esperándome por siempre. Yo, por el contrario, decidí aquel día, como he decidido en muchas ocasiones, salir por la puerta principal...y cerrar para siempre ese capítulo. Lo que él haría a partir de entonces en su vida, era problema suyo. Hacía años que yo había decidido mi rumbo, y así fue.

8

Los que No Saben que Son Ex

Entre el mundo de clasificaciones con el que me encontré al escribir este libro, estaba una categoría que pasa bien desapercibida. Fue María Elena Salinas, mi amiga y compañera de tantos años, la que me advirtió seriamente sobre la presencia de estos personajes... ¿Y qué hay de todos aquellos ex que no saben que son ex? ¡Ah caray! dije rascándome la cabeza ante el desconcierto. Creí que ayudada por amigas, comadres y parientes había diseccionado un gran número de personajes, pero no había caído en cuenta en este último, y con el que en su momento había lidiado María Elena. La confusión me embargó ante el peligro de una especie que permanece encubierta. María Elena fue más explícita...

"No necesariamente este tipo de ex tiene que ver con una relación sentimental. En mi caso se trataba de un amigo, un muy buen amigo que además me manejaba algunos negocios. Se encargaba de todo en mi vida financiera, pero conforme las cosas fueron mejorando cobraba más y más por sus servicios hasta que hubo un momento en que yo me puse a reflexionar y dije: espérame un tantito, resulta que él se está llevando la mayor parte del negocio y yo que soy la que da la cara, la que trabaja sin descanso y la que gano el dinero termino quedándome… ¡con casi nada! A final del día me di cuenta de que, aquel a quien yo consideraba mi amigo por supuesto que no lo era. Las razones para pensar semejante cosa eran sencillas: ¿Qué amigo toma ventaja del otro conciente de que lo está haciendo? Total, que después de una plática para aclarar la situación, yo lo llamaba y hubo un momento en que él simplemente no me contestaba ni el teléfono, hasta que finalmente decidí prescindir de sus servicios sin que él supiera que para mí ya era mi ex amigo… Eso es lo que me llevó a pensar en todos aquellos ex que no saben que son ex."

La clasificación descubierta por María Elena Salinas me puso a pensar: es cierto que uno cae en cuenta del abuso que se comete en nuestra contra sin que en ese momento podamos poner un punto final a una relación comercial o sentimental. Total, que en resumidas cuentas andaba yo reflexionando en esto cuando sucedió algo que me hizo ver que no faltaban los ejemplos para este capítulo. Fue Atlanta, en enero del 2005, durante el evento de la firma de mi cuatro libro *En el Nombre de Comprar, Firmar… y No Llorar* cuando mis anfitriones Ofelia y Francisco Rodríguez, propietarios de la cadena de tiendas "Discolandia," me presentaron a un par de personajes que son la perfecta representación de lo que estamos hablando.

Las colas que se formaron aquel día en la sucursal de la tienda de libros y discos hispanos más grande que existe en Georgia me tenían reservada una sorpresota. Ahí estaban los leales seguidores literarios de mis "panchoaventuras." Ninguno de ellos imagina cuanto aprecio la paciencia que tienen para estar de pie por lo menos una hora esperando para platicar conmigo unos minutos mientras yo les firmo un libro. Con cada uno de ellos me tomo mi tiempo, hablamos de sus inquietudes y compartimos un poco. Todo marchaba bien hasta que llegó a mí una pareja que hacía rato me había llamado la atención. En plena cola estaban muy pegaditos el uno del otro, y durante todo ese tiempo no dejaron de estar abrazados.

De acuerdo a la lógica populachera, para ser marido y mujer estaban muy cariñosos, a menos de que fueran recién casados, pero al llegar hasta mí, por su plática me di cuenta de que por lo menos eran novios. Cada uno traía un ejemplar del libro. "¿A nombre de quién escribo este?" le pregunté a la muchacha. "A nombre mío... me llamo Julieta." "Ahh, qué bien Julietita... y se lo firmé con cariño. Acto seguido vino el novio. ¿Y este otro para quién? "Para Romeo que soy yo." La coincidencia de los románticos nombres me picó mi periodística curiosidad. ¡Qué caray! "¿Así que ustedes son Romeo y Julieta pero de verdad?" "Aja" me respondieron a coro. "¡Mira qué bonito! ¿Quieren que ponga el apellido de cada uno en la dedicatoria?" "No, con eso nada más está bien, no vaya a ser que tengamos problemas," dijo el hombre mientras ambos se miraban con una extraña complicidad.

Semejante reacción picó aún más mi instinto de investigadora. "¿Problemas? ¿Qué clase de problemas podrían tener porque yo escriba su apellido en un libro sobre los problemas con el crédito? A ver, explíquenmelo por favor." Ambos se acercaron aún más para decirme en voz baja el secreto que guardaban... "Si usted pone algo con nuestros nombres a él lo mata su mujer...Y a mí me mata mi marido." "¿Queeeé?" Di un grito sorprendida. "¿Lo que ustedes me están diciendo es que cada uno le está poniendo el cuerno a su pareja? ¿Que están siendo infieles?" "Así mismo," muy orondos me respondieron. Me dejaron boquiabierta y no supe si reír o gritar, pero mis pensamientos fueron interrumpidos por la singular Julieta (que hubiera hecho al mismísimo Shakespeare palidecer del susto) y quien sin inmutarse me preguntó: "¿Y tú que piensas de esto, manita?" "¿Yoooo? ¿Y qué importa lo que yo piense de lo que andan haciendo ustedes? ¿Qué tengo que ver yo en esto?"

En este punto, ya la cola se había detenido con aquella plática que me tenía más que entretenida con semejante chisme. La gente seguramente pensaba que quizá yo me estaba tomando más tiempo con aquellos dos porque me estaban confiando un grave problema financiero sin imaginar la realidad de la consulta de aquella parejita. "No se enoje doñita," dijo Romeo. "Nosotros nos queremos tanto, que como no podemos vivir uno sin el otro ya estamos preparándonos para dejar a nuestros respectivos, y que sea lo que Dios quiera." En realidad no supe que contestarles, y no creo que estuvieran buscando opinión alguna, únicamente compartir lo que sentían el uno por el otro. Sólo alcancé a desearles que todo les fuera bien. "No causen daños colaterales innecesarios con mentiras...Y cuídense mucho porque en esto de las pasiones, en realidad nadie calcula la reacción del otro."

Cuando se fueron, me tomó unos minutos reponerme de la sorpresa, y durante un tiempo no pude quitármelos del pensamiento por la cantidad de preguntas que me dejaron sin respuesta. ¿Qué excusa habían dado en sus respectivas casas para salir a semejante hora? ¿Los habrían descubierto? ¿Con el tiempo, lograron lo que querían y fueron felices? No pude saber más porque tan anónimos como llegaron, así partieron. Pero son el más claro ejemplo para esta categoría.

El crédito por analizar a estos personajes no es mío, sino de María Elena Salinas quien investigó aún más: "En realidad un ex comienza a serlo sin enterarse. El más común de los escenarios sucede entre dos personas que están viviendo una relación dañina donde por lo menos uno de ellos ya la identificó como tal y que no la termina porque emocionalmente le cuesta mucho hacerlo. Hay cosas en común, puede haber hijos o intereses que los unan o que sigan juntos por la costumbre. En fin, que tú sabes que estás viviendo un momento de crisis, de problemas sin solución, y que hagas lo que hagas esa relación no va a funcionar. Al mismo tiempo sabes que por mil razones de conveniencia vas a seguir ahí el tiempo que sea. Después de analizarlo todo, lo cierto es que uno toma conciencia que lo mejor será ir terminando esa relación poco a poco hasta que sea el momento justo en que uno tenga más fuerza y las condiciones sean mejores. Si se analiza de esta forma, hay ex que comienzan a serlo cuando menos se lo imaginan."

Finalmente, y de acuerdo con María Elena, esta categoría deja un sabor amargo en la boca y en el alma, porque siempre existe la esperanza de que suceda un cambio. Cuando todo ha fallado, sólo queda el proceso de borrar a una persona y como dice el refrán, pensar que no hay mal que dure cien años... ni enfermo que los aguante. ¿O no?

9

Ex Amigos, Ex Amigas

En la vida he sido bendecida con amigos maravillosos. Para mí son tan valiosos que si fueran dinero, hace rato que ya fuera millonaria. Conservo la amistad con amigos y amigas de la infancia y la adolescencia, pero la cosa no termina ahí. Los amigos han aumentado con los años porque he tenido el privilegio de pocos: que en la edad adulta he encontrado a mi familia "virtual," es decir, la que me conoce mejor que nadie. Casi siempre y a excepción de mi hermano Raymundo o mi cuñada Yuyita (que son mis socios en aventuras y correrías) mis amigas de toda la vida saben más de mí que cualquier pariente consanguíneo.

¿Por qué? Porque así debe ser.

Hace muchos años, alguien ya fallecido, el caricaturista mexicano Víctor Monjarás, Vic, definió correctamente lo que un amigo debe ser: "Alguien que te ayuda a tirar un cadáver al río . . . y quien nunca, nunca, Collins, te hace una sola pregunta." Por supuesto que la definición era totalmente metafórica porque Vic, uno de los mejores seres humanos que han existido en este planeta jamás hubiese matado a nadie. Pero en cuanto a contenido, la suya es la definición perfecta sobre ese ser a quien tendemos la mano sin miedo y por tanto, le contamos los secretos de nuestra vida diaria. Aquel que es capaz de hacerlo todo por el otro sin más recompensa que saber que es exactamente lo que la palabra encierra: un amigo a cuenta cabal. Como madre he luchado para que mis hijas valoren la amistad y a su vez, para que sean las mejores amigas de sus amigas, y con lo que a mí respecta, yo sé que el consenso afirma que soy una muy buena amiga. Aquí sigo firmemente el dicho mexicano: "Los amigos de mis amigos son mis amigos. Los enemigos de mis amigos... mis enemigos."

Pero, ante tanta belleza dicharachera, ¿acaso se imagina que por trabajar en la televisión no he sufrido las traiciones bamboleras de un nefasto personaje que no sabe lo que significa ser amigo? La respuesta es, sí. Por supuesto. Gracias a Dios esto solo ha ocurrido en poquísimas ocasiones y ya entrada en añitos, lo que no me ha librado del dolor, de la vergüenza, de la desesperanza de ver mis secretos personales diseminados y además aumentados con falsedades, ganándome calificativos hirientes hacia mi persona o mi familia... Y todo en boca ¡de aquel personaje a quien consideré amiga de corazón y quien obviamente, jamás lo fue!

Camilo Egaña y Laura Rey, su esposa, que como ya he dicho forman parte de mi familia cubana, añaden algo más: "¿Y qué hay con el valor que cobran los amigos comunes cuando una pareja se separa y estos se convierten en ex amigos? Luego de la ruptura de una relación amorosa no hay nada más dañino y pasional que el daño que puede provocar un ex amigo o una ex amiga.

La Onda Expansiva

Camilo profundiza más. "Desde los primeros momentos del rompimiento de la pareja, ambos protagonistas se convierten en rehenes de los amigos que en todo momento aconsejan, opinan e informan sobre la situación, sin imaginar que con el tiempo, ellos también se van a dividir. El patrón indica que los amigos toman partido, y que si además a ti te toca perder, entonces vives una doble pérdida: perdiste a tu pareja y también a tus amigos."

Laura, esposa de Camilo durante más de veinte años, le ha puesto un nombre a lo que sucede después. "El conflicto se expande y se hace más grande porque los partidarios de ambos bandos terminan peleándose entre ellos. A esto le llamo 'la onda expansiva.' En realidad pocos se dan cuenta en medio de tantas peleas que eventualmente ellos también se van a pelear y que una vez iniciado el pleito de una pareja, el pleito como amigos cercanos de la pareja es inevitable."

Camilo piensa en otra variante de la llamada onda expansiva. "Es la carga emocional que deja súbitamente el no contar para nada con aquellos que fueron parte de tu vida. El vacío que se siente ante la traición o el abandono de los que te hablaban por teléfono todos los días y te apoyaban, o de quienes en la vida cotidiana de la pareja siempre estuvieron ahí, pero que nunca más van a estar. Todo esto te deja vulnerable y preguntándote constantemente con el mismo miedo: ¿si ya me pasó una vez me volverá a pasar? ¿Cómo volver a evitarlo en mi próxima relación sentimental?

Entre Marido y Mujer Nadie se Debe Meter

Evitarlo es difícil pero no imposible. La solución sería aprender de la experiencia y hablo por cuenta propia. Me sucedió en México en la década de los ochenta cuando una pareja amiga mía se separó. Yo era parte del "bando de ella" después de la separación, pero él me llamaba a cada rato para contarme sus angustias y supuestas decisiones. El caso es que comencé a tomarle lástima. Olvidé decir que ambos estaban muy lejos de ser unas "blancas palomas." Él estaba casado con otra mujer a la que quería abandonar...Y mi amiga estaba casada también por su parte y con hijos pequeñitos a los que simplemente dejó un día al cuidado del padre y la servidumbre. ¿El resultado de la odisea? Que salí crucificada por metiche. Supuestamente ayudé al "mari-novio" respondiendo a todas las preguntas que me hacía cada vez que me llamaba al son de que "sólo quiero que me digas esto para aclarar las cosas porque quiero dejarla libre para que pueda ser feliz con sus hijos." Sí, como no. Yo se lo creí y cuando menos me lo imaginé se armó el revolú, la zacapela, "se armó Troya."

Resulta que apasionados como eran, un día a pesar de todos los escándalos que los seguían la parejita volvió a estar junta. Se perdonaron, abandonaron nuevamente a sus respectivas familias y él le confió que yo había sido la que le había dado tal y más cual detalle. Con esto no sólo traicionó su promesa de no meterme en el asunto y de dejar que las cosas siguieran su curso en paz, sino que provocó la ira de la que hasta ese momento fue mi amiga. Con todo el derecho, ella vino a insultarme a pesar de que no sólo le pedí perdón, sino que le expliqué que siempre, tal y como su amante me había prometido, todo lo había hecho para que las cosas entre ella y los hijos que había abandonado fueran mejor. "¿Y quién eres tú para decidir lo mejor para mí y para mis hijos?" preguntó enfurecida. Sólo pude responderle que tenía razón y que nadie tiene el derecho de meterse en lo que no le importa. Más claro, hay un refrán popular que dice: "Entre marido y mujer…nadie se debe meter." No lo conocía entonces y me ha ayudado tanto que a partir de aquella triste experiencia mi temor es tal, que aun cuando veo en parejas amigas que uno de los dos es el culpable y que hace cosas malas, cuando el afectado me pregunta acerca del asunto siempre respondo: "¡Qué va! Son suposiciones tuyas. Fulanito o fulanita te adora y sería incapaz de hacer nada malo." Prefiero pasar por tonta que volver a vivir la angustia por el cargo de conciencia y por la tristeza de haberme quedado de golpe y porrazo sin aquellos amigos. Eso no me ha vuelto a pasar nunca más.

Los Ex Amigos que Abusan o Utilizan

Esta es otra variante común y corriente que termina con una amistad aparentemente "de toda la vida." Mi cuñada, Ines Marina, Yuyita, alguien que siempre ve lo bueno hasta en lo más malo y quien sin condiciones tiende la mano, asegura y con razón, que ella es la víctima más propicia de estos personajes.

"Son tantos los que me han decepcionado, que no sé por quien decidirme. Le sucede mucho a los inmigrantes cubanos en el exilio porque en Cuba, eso no era muy frecuente. Aquí ayudamos a los que van llegando por solidaridad y por pena al verlos pasando trabajo solos sin familia y en un país desconocido. ¿Y qué sucede?

Que luego de ayudarles de todo corazón, sencillamente cuando resuelven su problema, te dan la espalda, y si tú los necesitas para cualquier insignificancia, jamás podrás contar con ellos. ¿De su agradecimiento? ¡Ni se acuerdan qué es eso!"

"Uno de los casos que más me ha molestado, sucedió con alguien muy unido a mi familia. Estábamos todavía en Cuba cuando se dio cuenta que su único modo de salir de la isla sería uniéndose a mí, ya que más tarde o más temprano, así fuese nadando, vendría a reunirme con mi hijo y mi nieta en Miami. Y no se equivocó. Le confié mis planes y durante todos estos y las diligencias para salir de Cuba, ella estuvo conmigo, decidida a marcharse al mismo tiempo para reunirse también con su familia de Miami."

"Llegó el gran día. Todo lo habíamos hecho juntas. Finalmente, luego de la gran odisea, llegamos a los Estados Unidos con un montón de planes para salir adelante y ahí comenzó mi gran decepción. Al mes de haber llegado "sacó las uñas" y las cosas se tornaron muy tensas, tanto que dividió a nuestros adorados parientes en bandos contrarios."

"Quien en Cuba visitaba todo el tiempo mi casa y quien decía ser mi gran amiga, se convirtió casi instantáneamente en el exilio en un ser egoísta, envidioso, competitivo, con malas maneras, de mal humor todo el tiempo y por tanto en mi enemiga. Las cosas llegaron a ponerse tan feas a causa de su carácter para mí totalmente desconocido, que dejamos de dirigirnos la palabra hasta el día de hoy. Es más, ni siquiera podemos estar cerca la una de la otra porque inventa historias de cosas que yo no he hecho. Cuando me pregunto ¿por qué su cambio? En realidad no encuentro una explicación lógica. La única es que ella me usó para salir de Cuba a costa de lo que fuera. Para mí la experiencia ha sido dolorosa porque nunca pensé que fuera capaz de inventar tantas cosas con tanta bajeza. Y más o menos aprendí una lección, (aunque después de ella y de algún otro personaje como ella) me han sucedido muchas otras cosas de parte de gente muy buena que me hacen seguir creyendo y seguir ayudando a todo el que puedo."

Por muchas razones al estructurar este libro, de inmediato supe que dentro del mundo de los exs, los ex amigos deberían tener su capítulo especial. ¿Qué se puede hacer para contrarrestarlos? Les tengo malas noticias. Ab-so-lu-ta-men-te-nada. Simplemente dejan de ser amigos y cuando la gente quiere enterarse del chisme al que se debió la ruptura pregunta: "¿Y qué te pasó con sutanita o fulanito? Tan buenos amigos que eraaaan." La respuesta de acuerdo a lo que madres y abuelas nos han enseñado es la misma. "Nada. Nunca más he vuelto a saber de él o de ella."

Pero las cosas no deberían de ser así. Cuando un matrimonio termina o cuando se rompe un contrato siempre hay un documento para oficializar la situación, entonces porqué en este caso, cuando una amistad termina, no se puede tener algo que más o menos diga así:

Carta de Renuncia

Estimado... (poner aquí el nombre del personaje en cuestión)

He decidido escribirte esta carta para RENUNCIAR SOLEMNE Y DEFINITIVAMENTE A TU AMISTAD. Lo hago convencida (o convencido) de que me has traicionado durante los años en que creyéndote mi amigo (o amiga) decidí ignorar a los que venían a contarme las cosas de mi vida privada que, a mis espaldas, gracias a ti se enteraban.

RENUNCIO A TU AMISTAD porque no te basta con hablar mal de una persona sino prácticamente de todos los que se te atraviesan en el camino. También porque tienes la boca más grande que un coco. Eres un cocodrilo y no guardas ningún secreto, y los que sabes lo sueltas a tu conveniencia en el momento justo y con la gente indicada, (lo que a muchos ha costado por lo menos, regaños innecesarios y sabrá Dios, cuántas cosas más). Lo bueno es que todos los que te escuchan saben que lo que haces va en dos direcciones. Más claro: que así como llevas traes y que en eso tampoco los perdonas a ellos.

RENUNCIO A TU AMISTAD porque no tienes corazón para humillar ni para burlarte de los defectos y los errores de los demás, como si tú no tuvieras ninguno. También porque no respetas ni parientes, ni a la familia de nadie, y finalmente cuando un valiente te confronta, tú cobardemente en lugar de aceptar lo que has hecho finges diciendo: "¡Ay, no! Yo no sé nada, entendiste mal." O "No sé quién habrá dicho eso." O peor aún: Cuando el peligro de descubrirte es inminente, de inmediato culpas a otros de lo que tú bien sabes que hiciste. Pero eso no es todo.

¿SABES POR QUÉ MÁS RENUNCIO A TU AMISTAD? Porque pocos son los que dañan la mano que les ha ayudado, y yo ya he perdido la cuenta de las veces que has mordido la mía que te sirvió para que no cayeras en tus peores momentos. Pero, quiero informarte

con esta carta que tú tonta (o tonto) se te acabó y que
hay uno menos en esa larga lista con la que te entretienes
para dañar.

Resumiendo, (poner aquí nuevamente el nombre del
fulanito o la fulanita), que por tu egoísmo y tu traición
inconmensurables es que a partir de este momento,
(día)... del mes... del año... es que RENUNCIO
IRREMEDIABLEMENTE A TU AMISTAD.

Hasta nunca,
(Ponga su nombre completo.)

Cópielo, guárdelo en la computadora y distribúyalo cuantas
veces le haga falta. Téngalo a mano para cuando la ocasión, Dios
no lo quiera, se le presente. Cuando se entere de que algo semejante
le pasa a alguien cercano, recomiende esta receta infalible. Adáp-
telo de acuerdo a su circunstancia y al sexo. (Generalmente los
hombres son menos descriptivos), pero ni en las peores circunstancias olvide la regla ética de la renuncia a una amistad: nunca debe
escribir una mala palabra. A fin de cuentas esto no es una venganza
sino una catarsis para liberarse de aquello que le ha dolido profundamente. Envíelo al personaje en cuestión y a unos cuantos que
estén al tanto de las maldades que el ex amigo o ex amiga le hizo a
usted. Y después... cierre esa página para siempre.

¿Hay Espacio Para Volver a Ser Amigos?

Desafortunadamente no. Cuando una amistad se rompe, es por cosas de fondo y no por enojos pasajeros o por daños no intencionales. Cuando los amigos se separan es por razones de peso que hacen que la separación sea irreversible. Se puede perdonar, sí. Con el tiempo también las cosas comienzan a diluirse y se llegan a olvidar... pero volver a ser amigos como tal, no. A fin de cuentas la amistad es como una costosísima copa de cristal de Bacarat. Si se rompe, se puede pegar... pero nunca volverá a sonar igual. ¿Ok?

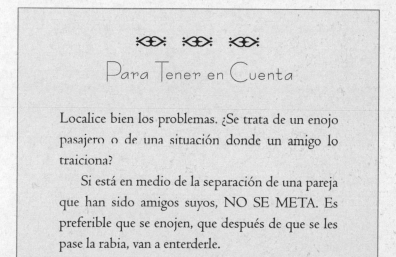

Para Tener en Cuenta

Localice bien los problemas. ¿Se trata de un enojo pasajero o de una situación donde un amigo lo traiciona?

Si está en medio de la separación de una pareja que han sido amigos suyos, NO SE META. Es preferible que se enojen, que después de que se les pase la rabia, van a enterderle.

Esté preparado para que los malos amigos tomen partido en cualquiera de los dos bandos.

Tenga presente la regla de oro: El que se mete de redentor sale crucificado. Más claro: Los amigos de una pareja que se separa, terminan peleándose también.

Si se separa de su pareja, por ninguna razón involucre a sus amigos en común para que le cuenten las cosas de su ex. De hacerlo, al final quedará con una doble pérdida. Perdió a su pareja... y a los amigos que tuvieron en común.

Si un amigo lo traiciona, escríbale una carta de "RENUNCIA A TU AMISTAD," siguiendo más o menos el modelo que incluyo en los párrafos anteriores.

10

¿Se Pueden Evitar los Daños Futuros de un Ex?

¿Quién sabe? ¿Cómo hacerlo? Un amigo que se encuentra atravesando el complicado proceso de divorcio, tiene la respuesta rápida al problema: "El mayor daño se evita con la firma de un acuerdo prenupcial. Nunca más me vuelvo a casar si antes no firmo un contrato que me evite momentos difíciles en un futuro." Escritor famoso, con una exitosa carrera económicamente hablando, de pronto, en un divorcio sorpresivo vio desaparecer la mitad de sus ahorros ganados con una vida de sacrificios para lograr una estabilidad junto a la que era su esposa. "No hay que menospreciar la importancia de un acuerdo prenupcial, de hablar y calcular todo tipo de situaciones. Hay que evaluar los daños que un ex puede infligir."

En esto está de acuerdo Jaime Escandón uno de mis grandes amigos. Jaime, un hombre metódico, padre excepcional, dueño de un sentido del humor que pone a reír a cualquiera y una de las mentes financieras más brillantes que he conocido, sorpresivamente luego de veinticinco años de feliz matrimonio, un día de pronto se encontró en medio de un divorcio. Sus amigos no salíamos del asombro, especialmente porque un hombre tan metódico como él, se estaba enfrentando a lo único que nunca pudo planear porque jamás lo imaginó: que aquel matrimonio perfecto de un cuarto de siglo terminaría con un desagradable final. Caballero a carta cabal y sin dar mayores detalles, no habló de aquello que le dolía tanto hasta mucho tiempo después. De su experiencia nos da la respuesta a la inevitable pregunta que millones de divorciados se hacen en los peores momentos del proceso... ¿Se pueden evitar los daños futuros causados por un ex?

"Algo que es muy importante," asegura Jaime Escandón, "es que lo único que es para toda la vida es el divorcio. Por eso, cuando es inevitable, hay que planear un divorcio muy cuidadosamente, no como si se tratara de una boda, sino mejor. Me explico: para la boda piensas en la iglesia, en los invitados, en la fiesta y en la luna de miel porque quieres que sea como en los cuentos de hadas. 'Y vivieron felices para siempre.' En cambio en un divorcio tienes que poner todos tus sentidos, toda tu inteligencia y sobre todo mucha frialdad porque las repercusiones de no hacerlo te van a afectar el resto de tus días. Tienes que pensar muy bien en cada uno de los aspectos. Si tienes hijos tendrás que mantenerlos por lo menos hasta que sean mayores de edad."

¿Un acuerdo prenupcial en realidad protege en caso de divorcio? "Sí y no. Protege el patrimonio con el que llegas al día de la boda. Pero a partir de ahí en adelante, los bienes que se adquieran durante el matrimonio tendrás que compartirlos, a menos que seas muy cuidadoso y se den ciertos factores como podría ser el caso de infidelidad. En este caso, aunque legalmente la infidelidad no castiga los bienes obtenidos durante el matrimonio, sin embargo, se puede hacer la previsión dentro del acuerdo prenupcial, aceptando de antemano que, de presentarse tal o más cual situación, entonces la repartición no tendría que ser por partes iguales. Esa es la única manera de no pelear en una corte. El otro requisito sería estar de acuerdo, pero obviamente al firmar el contrato prenupcial, se está dando por acordado cualquier término ahí descrito."

¿Y qué de compartir lo que has logrado?

"No es lo más difícil de un divorcio," continúa Escandón compartiendo su experiencia, "pero tienes que pensar en ti mismo, en tu futuro y en tu bienestar económico, especialmente si la ruptura llega luego de muchos años de casados. Entonces la prioridad será defender lo que te quede de patrimonio que será finalmente tu tabla de salvación para tu vejez y tal vez para el sostenimiento económico de tus hijos en caso de que no hayan llegado a la mayoría de edad."

¿Qué recomiendas?

"En el peor de los casos un arreglo final para que esa carga no sea mensual. Es decir, das una cantidad en el momento del divorcio si es que hay bienes que repartir y así te olvidas de que tienes que hacerle pagos mensuales a tu ex. Los ejemplos son muchos: Hay personas que están dando pensión alimenticia todos los meses que se enferman cada vez que tienen que escribir el cheque. Para otros, el calvario es mantener a la nueva pareja del ex, lo que te va a seguir dañando física y mentalmente. Ahora bien, el compartir tus bienes con quien ahora es tu enemigo o enemiga es una decisión que de por sí, si la tomas muy visceralmente te va a hacer mucho daño, y cada vez que tengas que pagar, te va a hacer más y más daño. Pero al final todo eso no es más que material: piedras, coches, propiedades, y es más importante tu bienestar mental y de salud."

¿Como imaginar la boda de un hijo o el nacimiento de un nieto luego de un divorcio traumático?

Me refiero a los eventos a los que te vas a ver enfrentado en el futuro. ¿Qué vas a hacer? Esa es la pregunta. En cualquier evento importante, llámese graduación, enfermedad, matrimonio, nacimiento de tus nietos ¿qué vas a hacer? Es lo que más se repiten divorciados y divorciadas.

¿Tendrás opciones para seguir?

"Sí. Una podría ser no asistir al evento si se encuentra "la" o "el" ex. La otra sería ir, pero sin compartir, lo que es peor que no ir. Otra opción más salomónica es ir y aparentar que no pasa nada y que todos son felices, todo esto para no dañar a los hijos y no destruirles el evento tan importante. Eso en el caso de una boda. Pero en el nacimiento de un nieto las cosas podrían ser mejores....Es una opción más fácil. Es cuestión de ponerse de acuerdo para no coincidir en el hospital. Lo más importante es no olvidar que las cosas con la familia que creaste antes del divorcio, te van a afectar todos los días de tu vida. Por lo tanto, si en el camino fuiste dejando piedras en esos momentos, más tarde esas piedras van a ser como montañas que vas a tener que escalar o no...".

La dermatóloga Flor Mayoral, que tiene su oficina en Miami, dice que los daños futuros pueden ser de otro tipo y que también afectan a los hijos. Mayoral, una madre extraordinaria, que a pesar de su profesión cuando sus tres hijos eran pequeños se dividía en pedazos y hacía malabares para detener su consulta y salir corriendo al colegio a recogerlos, vivió un largo divorcio del que no habla. Años después, vuelta a casar y feliz con su esposo de muchos años, dice que trató de prevenir un daño que pudo afectar la vida de sus hijos como adultos.

"Yo estaba consciente de que mis hijos pasaban unos días conmigo y otros con su padre y que eso provocaría desajustes en su vida como niños. Sin embargo, siempre tuve claro que alguno de los dos padres, que finalmente era yo, tendría que ser el que impusiera la disciplina. Mientras estaban en la casa del padre hacían lo que querían sin horario alguno, y eso no era un secreto para mí. Pero en mi casa no podían hacerlo. Conmigo tenían que seguir un horario para comer, un horario para estudiar, un horario para hacer deporte, un horario para compartir en familia y para todo eso yo me tomaba el tiempo y los enseñé a que cumplieran con lo suyo. A fin de cuentas, dice, la mejor venganza que puede uno tener ante un divorcio traumático es tener éxito en la vida y que tu vida y la de tus hijos sea mejor que la de aquel o aquella que dejaste atrás."

❦ ❦ ❦

Para Tener en Cuenta

Tener presente un acuerdo prenupcial.

No olvidar que este únicamente cubre los bienes logrados antes del matrimonio. Los que se obtienen después, se deben repartir en partes iguales.

Hay que planear un divorcio, tanto o más que una boda.

Lo único que dura toda la vida es el divorcio y

sus consecuencias van a seguir a la pareja sin importar que se haya separado.

Escribir cheques mensuales al ex, enferma, y recibirlo, acostumbra a no valerse por sí mismo o misma. Sea precavido. Si hay bienes que repartir, a la hora del divorcio llegue a un acuerdo friamente por una cantidad final que le evite enfermedades mensuales al mandar su dinero.

Si en el camino del divorcio va dejando piedras por todos lados, en un momento serán tantas que harán una montaña que tendrá que escalar...o no.

Llegar a un acuerdo para compartir civilizadamente en ocasiones importantes en la vida de los hijos de un matrimonio de divorciados: bodas, graduaciones, nacimiento de nietos, bautizos, etc.

Para evitar daños futuros a los hijos de divorciados mientras son pequeños y brincan de la casa de un padre a la del otro, que alguno de los dos padres sepa que debe ser él o ella el que imponga disciplina para comer, jugar, estudiar y compartir. Sin eso, no hay desastre que se pueda prevenir.

Finalmente no olvide lo que dice mi amigo Jaime Escandón: Es más importante el bienestar mental y físico que todas las cosas materiales, piedras, coches y propiedades.

11

Los Mala Paga

Si alguien en la industria de la televisión en español sabe lo que significa un ex que sea mala paga, sin lugar a dudas esa es la abogada Ana María Polo, la inigualable juez de los exitosos programas como *Sala de Parejas* y *Caso Cerrado* en la Cadena Telemundo. Nadie mejor que ella para describir los peligros y como evitar los daños colaterales de un o una mala paga.

"Una de las situaciones que más dolor me producen en mi práctica legal y que vemos cada día más a menudo en el programa son todos aquellos padres divorciados que se niegan a pagar la pensión alimenticia de sus hijos, por la simple razón de que se divorciaron del padre o de la madre. ¿Cómo es eso? Divorciarse de un hijo por no pagar los alimentos, ¿qué tipo de persona hace esto?"

¿Quién hace esto? Cada día y con mayor descaro quien usted menos se imagina. Lo hacen los profesionales y los que no lo son, lo hacen los ricos y los pobres, lo hacen los hombres y las mujeres. No pagar la alimentación de los hijos de padres divorciados no es un fenómeno que pertenezca a una clase social o raza en particular. Mientras el índice de los divorcios se dispara vertiginosamente a nivel nacional, de acuerdo a la Dra. Polo, hay ciudades en los Estados Unidos donde las estadísticas son más graves que en Miami, donde el índice de divorcios llega al 60 por ciento, y casi en su totalidad son divorcios de gente que se separa por violencia doméstica y por tanto, se llevan por el medio a los hijos que tienen que vivir, de acuerdo a lo que las leyes decidan, brincando entre la casa de un padre y del otro.

Hijos Divididos

"En Japón las cosas son diferentes cuando hay un divorcio. En ese caso, los jueces generalmente dan la custodia de los hijos a la mujer. El hombre queda entonces con ningún derecho, excepto mantener a ese hijo hasta la mayoría de edad. ¿Por qué? Bueno, porque de acuerdo a las leyes japonesas, un niño que crece entre un padre y una madre divorciados tiene que ser leal a ambos y eso les hace ser 'niños divididos' que crecen como 'adolescentes divididos' y finalmente son 'adultos divididos,' propensos a repetir el patrón de conducta que los marcó a ellos. Esta es una razón que no contemplan los jueces de países occidentales al tomar decisiones con respecto al futuro de los niños. En diecisiete años de práctica, a veces he pensado que los japoneses tienen la razón porque los problemas en esta sociedad tienen que ver con muchachos que crecieron en dos casas a causa del divorcio o separación de sus padres."

Al sobrevenir el divorcio o la separación, para un padre (llámese padre o madre), la preocupación inmediata del que queda con la custodia es el dinero que recibirá para mantener a los hijos. Que un juez conceda determinada cantidad para que sus hijos sobrevivan no significa necesariamente que el padre pague, ni mucho menos que pague en tiempo o que por lo menos si no lo hace mensualmente, que pague alguna vez. Entonces... ¿qué hacer para cobrar el *child support* o pensión alimenticia para los hijos?

"La forma más efectiva," afirma Ana María Polo, "sigue siendo la cárcel. El juez llama la atención del ex que es mala paga una, dos o tres veces. A la tercera vez que no hace caso le dice: si no pagas, vas a la cárcel. Generalmente en este punto los morosos pagan, pero, también he visto casos que son para recordar por siempre. Hay quienes van alegres a prisión unos días con tal de no darle nada a la ex. Y vuelvo a repetir: ¿Qué tiene que ver la venganza contra la mujer con no dar dinero para los hijos? To-do. Esta práctica morosa es para lastimarla porque el hombre ya no la quiere, porque la dejó por otra o porque simplemente la aborrece."

El Amor es Ciego... Pero Que No lo Sea

"Vaya si no lo será, que esa es la frase que más repito a los jóvenes y a quienes van a casarse: El amor es ciego. Sí, pero porque uno no ve el futuro. Nadie se detiene a pensar en las cosas básicas que ahorrarán problemas más adelante. Por ejemplo, hay que investigar récords mentales del o de la pretendiente, también como están las finanzas, y algo que parece inocente, pero que en realidad de eso no tiene nada, hay que saber cuantas veces el novio o la novia visitan al padre o a la madre. ¿Cuántas veces lo hacen? ¿Por qué no lo hacen? La respuesta basta para tener una idea de la compasión que esta persona muestra hacia los demás."

"Cuando se ignoran datos tan confidenciales de la persona con la que se une la vida para siempre, se es más vulnerable en el caso de que tome lugar un divorcio, donde entonces no habrá orden judicial o cárcel que obliguen a esa persona a mantener a un hijo. Al ver casos como el de un hombre que me dijo en una ocasión: 'Mire doctora aquí hay dinero para que le haga la vida imposible a esta mujer, prefiero la cárcel que tener que darle dinero a la p...a esa con la que estuve casado.' Aquí es donde me pregunto, ¿cómo nadie calculó en lo que esta persona se iba a transformar con los años? Y con respecto al cliente que me hizo tal proposición, le respondí: 'Mire usted, las leyes no se hicieron para hacerle la vida imposible a nadie. Yo no puedo hacer semejante cosa.'

Sólo me queda darles un buen consejo: Hay que escoger muy bien con quien se tienen hijos. Hay que examinar escrupulosamente como reaccionaría esa persona en caso de que hubiese un divorcio. Así que ya saben, hay que escoger siempre a los mejores para la tarea de ser padres."

Cuidado con el "Do It Yourself"

Últimamente se han vuelto muy populares los formularios que indican "do it yourself" o "hágalo usted mismo," para hacer todo tipo de trámites legales. ¿Qué se gana con todo esto? Como dice el dicho cubano, "un arroz con mango" donde generalmente el que sale perjudicado es precisamente el que requiere protección de la ley. En este punto, Polo es muy enfática.

"Me explico mejor. Si los abogados pasamos estudiando tantos años las leyes y los complicados términos jurídicos, ¿cómo es posible que cualquiera pueda hacer nuestro trabajo exitosamente nada más porque llena los formularios? Difícilmente. A menudo lo que pasa es que van, lo hacen por sí mismos, y terminan metidos 'bajo las patas de los caballos' en medio de complejos conceptos que no entienden y que finalmente les resultan adversos."

Hablar No Basta

Para lograr recibir la manutención para un hijo o *child support*, las palabras no bastan. NO existe el "mi esposo durante diez años cumplió su promesa de mandarme una cantidad de dinero y ahora, a partir de este año ya no manda nada, y ahora necesito que me ayuden a cobrar todo lo que debe." Para un juez eso no es ninguna evidencia porque son acuerdos de palabras sin ningún valor legal.

Los Pasos a Seguir

1. El trámite para obtener ayuda legal para un hijo se inicia con la solicitud de una orden judicial donde el juez determina la cantidad de dinero que se destinará a la manutención.

2. Si el padre deudor no cumple habrá que llenar una "moción por desacato" a una orden federal. El juez pide pruebas de por qué un padre no ha cumplido con su obligación de sostener a un hijo y más aún cuando la Corte lo ha ordenado. Cuidado con las excusas de

los padres mala paga. Eso los pone en peores circunstancias. El caso más común es el que deja dos o tres meses de mandar dinero. El juez pregunta: "¿Has pagado tu auto, tu renta, y tu comida? Generalmente después de la respuesta afirmativa, viene la segunda pregunta. ¿Y por qué no has pagado el dinero de tu hijo? Cuando la respuesta es: "porque no tengo" generalmente la reacción es inmediata: "O sea que tú puedes pagar tus cosas y puedes comer ¿y no te importa si tu hijo tiene o no para subsistir?" Por supuesto que el resultado es el lógico. O el padre paga o paga.

3. La herramienta más importante para localizar a los padres deudores morosos o mala paga se llama ERISA, que son las siglas del sistema federal que coordina los esfuerzos de cada estado en la Unión Americana para el *Child Support Enforcement*, de manera que se puedan cobrar las deudas en todo el territorio.

Como la famosa película de vaqueros *El bueno, el malo y el feo* así son los casos que la Dra. Polo recuerda.

El Bueno

"Era un cliente que no tenía mucho dinero, pero sí dieciocho hijos y les pasaba su pensión a todos. Eso sí, como no le alcanzaba, les daba poquito sin que faltara uno solo en aquella mínima repartición. El hombre me decía: 'Doctora, a los hijos les falta cariño y no dinero.' Pero al fin y al cabo cumplía."

El Malo

"Hay hombres que detestan a sus ex y hay unas cuantas mujeres que en realidad por su conducta, también merecen que no las quieran, aunque no son la gran mayoría. Pero resulta que el cliente del que ahora hablo en realidad detestaba a todas las mujeres que había tenido y con quienes había tenido hijos, por lo que constantemente lo demandaban por el cobro del *child support*. De plano, cuando luego de agotar todas las amonestaciones llegaba a la audiencia final con el juez, le decía: 'Señor Juez, déme el tiempo de cárcel, me hacen falta unas vacaciones. Aquí traigo el cepillo de dientes.' Este sí que era el malo de la película, porque yo pienso que cuando un juez espera dos o tres meses para ver si el padre paga, durante esos dos o tres meses los hijos no tienen dinero para sobrevivir y las cosas no deberían de ser así. Creo que a la primera amonestación se les debiera obligar a pagar, por supuesto, si el padre deudor está en condiciones de hacerlo."

El Feo

Es el caso triste de un hombre que me vino a ver y me trae una carta de adeudo por parte del *child support* por treinta mil dólares. Era una deuda calculada durante quince años ya que él se había divorciado cuando su niña tenía cuatro años de edad y ésta ahora tenía diecinueve años. Un buen día la ex esposa se desapareció con la niña, cambió de domicilio y no se lo dijo a nadie. Mi cliente entonces me dijo que le devolvieron por lo menos dos pagos con el sello del correo que decía: 'Dirección desconocida, la persona no vive aquí,' y él no hizo nada más que guardar aquellas cartas. No reportó a la esposa ni a la hija como desaparecidas, no fue a la corte a decir lo que sucedía, y como era muy pobre, no tuvo recursos para contratar a un detective que las localizara. En fin que quince años después comenzamos todo el procedimiento para defenderlo en la corte y por primera vez aquel hombre se encontró frente a frente con aquella niña, ya de diecinueve años, que además era igualita a él. Temblaba de la emoción al volverla a ver ya toda hecha una mujer. Sólo quería abrazarla y decirle cuánto la quería. Ambas mujeres evitaron tener contacto previo con mi cliente. Yo le dije a la mujer: '¿No te parece que es muy tarde para venir a cobrarle a este pobre hombre, cuando fuiste tú la que desapareciste sin dejar huella quitándole a tu hija la posibilidad de crecer por lo menos con la presencia de su padre?' La mujer, con una mirada fría se volteó y me dijo: 'Yo no soy la que está cobrando nada. Es su hija que exige ese dinero que le pertenece.' Fue un caso doloroso porque como ya dije, aquel hombre nunca se negó a pagar y sólo quería abrazar a la niña y decirle cuanto la quería. Nada de eso pasó porque la hija no lo dejó siquiera acercársele a darle un abrazo. Fue triste y sobre todo fue algo muy feo para un padre que sólo pedía la migaja de cariño que siempre le negaron."

A Largo Plazo

Para los abogados de divorcios en los casos del pago de alimentación a los hijos, son dos los puntos importantes que la mayoría ignora: el primero, que el *child support* es una deuda, y el segundo, que es una deuda que se pagará a largo plazo, mensualmente, llueva, truene o relampaguee.

"Es una ecuación sencilla," dice Ana María Polo, "un condón vale un dólar con noventa y dos centavos, y eso puede prevenir la paternidad. Un *child support* modesto puede comenzar en 350 dólares mensuales que se pagarán a lo largo de dieciocho años. Así que hay que sacar cuentas. ¿Qué quiero decir con esto? Que la persona debe pensar: O tengo a mi hijo y lo mantengo sola toda la vida... o lo tengo y le cobro al padre."

Consecuencias Para los Padres Deudores

1. Pérdida de la licencia de conducir.
2. Pérdida de cualquier otra licencia para trabajar.
3. Pérdida del rembolso que puedan recibir por su declaración de impuestos si no se han hecho los pagos, ya que el dinero se aplica a la deuda del *child support*.
4. Si el deudor se ha vuelto a casar, la nueva esposa se verá afectada por la retención del rembolso, pero puede pedir a la corte que le devuelvan la parte proporcional que le pertenece.
5. Aún cuando el IRA es el único beneficio intocable hasta el momento del retiro, la única excepción ocurre cuando un padre debe dinero al *child support*. La ley puede ordenar que descuenten la deuda del fondo de retiro.
6. Si el mala paga tiene deudas con el IRS, es decir con el servicio de recaudación de impuestos y con el *child support*, la Dra. Ana María Polo recomienda que siga debiéndole al IRS que en algún momento este va a entender lo que sucede y esperar a pagar con una

extensión. Child Services, por el contrario, no le dará
plazo y eso puede representar la cárcel.

Finalmente el consejo de la juez más famosa de la televisión
hispana para los ex morosos: "Hay que tener responsabilidad en
las relaciones íntimas para que después no tengan que vivir pensando en como pagar lo que un hijo se merece. ¡He dicho! ¡Caso
cerrado!"

12

Los Ex Abusados

De entre todos los ex hay una mortal categoría: los violentos. Los capaces de hacer cualquier cosa hasta terminar incluso con una vida. A Juana la conocí en mis años de reportera en California. Cantaba rancheras en cualquier restaurante en el que la dejaran entrar para ganar los centavos con los que daba de comer a sus hijos. Un día la encontré vestida con aquel deslavado traje de charra y me contó su vida que era como un rosario de cuentas hiladas por la tragedia. Víctima de un ex marido violento, Juana nunca calculó el tamaño de la maldad y el despecho hasta que el ex marido, al que había dejado por la violencia y el abuso, en un ataque incontrolable de ira, estrelló su camioneta pickup dentro de su casa matando de inmediato a uno de sus tres hijos que dormía en la recámara. Como no la mató a ella, poco después el ex volvió a la casa y en un descuido le prendió fuego. Ella sobrevivió y su niña también, pero tuvieron que huir de su país a los Estados Unidos donde han vivido escondidas con profundas cicatrices en la piel y en el alma. Nunca he olvidado su caso. Y lo tuve muy presente cuando supe del calvario que escondía celosamente Ana María, pintora y maquillista quien tiene una larga y dolorosa historia que contar a causa de la violencia de un ex.

"Crecí en una familia de ocho hermanos, y quizá por ser tantos hijos en casa de mis padres, yo siento que me faltó cariño. Desde siempre mis recuerdos están unidos a tener que sobrevivir entre gritos y golpes...Y es que toda la vida mi padre fue violento con mi madre. Llegaba furioso de la calle por cualquier cosa y gritaba: '¡Va a haber sangre hoy! ¿Dónde esta tu madreee?' Al escuchar aquello todos salíamos a escondernos aterrados. Mi madre soportaba como nadie aquella vida, además de guardar un gran sufrimiento en el alma, que nosotros ignorábamos porque ella siempre lo calló. Estando casado con mi mami conoció a una muchacha de la edad de mi hermana mayor y ¡también se casó con ella! Entonces, mi mamá que se había casado a los catorce años de edad nos crió sola, tal y como ella pudo."

"Con los años he visto estas circunstancias transplantarse riesgosamente en mi vida. A mi primer esposo, el padre de mi única hija, lo conocí a los dieciséis años, cuando él tenía veintiocho. Había sido el fotógrafo de la boda de mi hermana y la relación que surgió entre nosotros no tenía el menor viso de alegría. La primera vez que salí con él me violó. Me preñó y en una historia de crueldad inconcebible en la cocina de su casa me provocó un aborto. Después huyó por miedo a que lo metieran preso por haber abusado de una menor de edad. Pero, eso sí, antes de partir me dijo que cuando yo tuviera dieciocho años me iba a mandar a buscar. Yo que era una muchachita ignorante, sentía que me debía a él por lo que había pasado y lo esperé como si no hubiera habido nadie más en la tierra. Efectivamente, cuando cumplí los dieciocho años me mandó a buscar a escondidas... y huí de mi casa, porque en gran parte eso me liberaba de mi familia."

Lo Que Mal Comienza, Mal Termina

"Él fue violento desde el principio. Ahí no hubo luna de miel. ¡Qué va! La primera vez fue por una comida. Me había pedido que le cocinara una chuleta y como yo no sabía, hice lo que pude por complacerlo y por supuesto que no le gustó, la tiró a la calle por la ventana y después me entró a golpes. Ahí empecé a darme cuenta de lo que me esperaba. El resto fue cuesta arriba. Quedé preñada y nos mudamos a Chicago. Mi primer bebé nació en la casa porque recién habíamos llegado y él no tenía dinero para mandarme a un hospital. Mira si era cruel, que cuando yo gritaba con los dolores del parto él me respondía que yo no tenía nada. Del pánico y el miedo a quejarme, solita di a luz en mi casa, sin importar que la bebé tenía diez libras... Pero había nacido con problemas del corazón y en medio de mi gran dolor se murió."

"Con todo esto, yo no entendía porque él no se casaba conmigo hasta que supe otra cruel verdad: era casado y tenía un hijo. Pero como era una persona violenta con la que no se podía hablar ni mucho menos tocar esos temas, durante años aquella plática quedó suspendida. Con el tiempo seguí sufriendo más abusos. En realidad yo estaba en una encrucijada y buscaba el momento para decirle las cosas, y su respuesta era siempre la misma: me pegaba y me dejaba botada en plena calle con todo y la niña, así fuera en el invierno de Chicago con nieve y temperaturas bajo cero, sin importarle que nosotras tendríamos que regresar a casa caminando. Lo único que teníamos en común era el arte, porque el es un pintor y sólo hablando de arte nos entendíamos. En la intimidad, en cambio, me hacía caricias, pero en el fondo yo sabía que eso era porque su meta era dejarme embarazada ya que sentía que esa era la única forma de amarrarme por siempre a su lado."

En el Círculo de la Violencia

"Aunque buscaba respuestas a lo que vivía yo era ignorante, no tenía preparación, era muy niña. No es como las mujeres hoy en día que aunque sean jóvenes saben defenderse. Yo era muy tímida, tenía miedo de hablarle a la gente y me la pasaba dibujando y pintando. La verdad es que cuando estás en un círculo vicioso y naciste en un círculo vicioso, no sabes como romperlo, y él hacía todo lo posible para que yo no pudiera salir de aquello. Mi autoestima estaba aniquilada luego de años en los que me decía 'estúpida, no sirves, eres fea, tienes que aprender a maquillarte como las demás.' Lo que es la vida. ¿Quién le hubiera dicho entonces que algún día yo iba a vivir de eso, de ser maquillista profesional?"

"El problema es que yo todo eso lo soportaba porque me sentía culpable por haberme ido de casa de mi madre y sentía que merecía todo lo que me hiciera. Lo peor es que yo no podía decirle nada a mi madre. Primero por pena, y después porque cuando aquel hombre me veía hablando por teléfono con mi madre en

Puerto Rico, cogía y arrancaba el teléfono de la pared. Algo similar hizo cuando vio que aprendí a manejar a escondidas: entonces arrancó la batería del carro para que yo no pudiera manejar. Cuando me daba dinero para ir a hacer la compra en el supermercado me exigía los recibos para que yo no tuviera ni cinco centavos extra, era un control total. Por eso tuve que empezar a emplear mis propios recursos, lo único que podía hacer… Comencé a robarle dinero por las noches. Me levantaba cuando lo veía roncando y le sacaba dinero de la cartera, en fin, que aunque fuera un riesgo, yo lo tomaba, pero era mi instinto de supervivencia el que me ordenaba hacer algo y no quedarme con las manos cruzadas."

Sobreviviendo al Terror

"Aguanté doce años junto a él, pero en cinco ocasiones me separé… Aunque exactamente como sucede con todas las víctimas de abuso, las cinco veces me volvió a buscar, y me prometió cambiar y yo regresé. Era difícil salir de aquel círculo vicioso porque yo no comprendía lo que pasaba. Siempre decía el mismo discurso de los abusadores: yo era la que le hacía hacer cosas malas, lloraba y se arrodillaba. Después volvía a lo mismo, pero con más fuerza. Poco después de uno de los perdones, decidió que sería vegetariano y se volvió fanático. Por supuesto que la niña y yo no teníamos opción que seguir su dieta vegetariana, y la forma de hacérmelo ver era revisar el refrigerador para sacar toda la comida que no fuera vegetariana. Una tarde, furioso porque se dio cuenta que la niña y yo a escondidas comíamos carne, botó todo lo que estaba adentro del refrigerador y se paró encima de aquella comida, al tiempo que nos sentenciaba: 'Ahora, precisamente a partir de hoy vamos a comer sólo lechuga y vegetales. Eso es todo.' Mi nena que tenía dos años de edad, con el miedo retratado en su carita al ver la comida regada tuvo un ataque, se tiró al piso, y verla ahí, fue lo que me hizo tocar fondo. Llamé a la policía y se lo llevaron. Cuando salió de la cárcel yo no lo dejaba entrar a la casa. Pero aquel hombre, no sólo seguía sin aceptar que lo de nosotros había acabado, aprovechando que yo no estaba, rompió todo lo que había adentro de la casa y me cortó la luz. No dejó ni un solo cable. Me desbarató todo. Lo único que respondía era que había hecho todo aquello porque no le quise dar las llaves de la casa. Mi hija nuevamente vio todo y daba de gritos. Tomé a la niña en mis brazos y como no tenía ni un solo lugar que sirviera para pasar siquiera la noche en aquella casa, me fui a vivir dos o tres días con una vecina que se apiadó de mi tragedia personal."

"¿Qué hizo después? Como buen abusador vino arrepentido. Me convenció de que quería cambiar y yo, en medio de aquella ignorancia y porque tampoco estaba lista para lanzarme al mundo con una niña...lo perdoné. Pero de mi parte las cosas no fueron como antes. Poco después las cosas comenzaron a empeorar. A su abuso físico y verbal aquel hombre sumó otro elemento: la infidelidad. Comenzó con la chulería de andar con otras mujeres...Y eso fue la gota que derramó el vaso y nos separamos por última vez."

"En medio de los problemas por la separación, un día como a las tres de la mañana se apareció con un rifle en la mano y me dijo: 'Hace rato que te estoy esperando. Quiero ver a la nena.' Sin provocar su ira le dije que no eran horas para la visita y que yo estaba durmiendo. En realidad lo que él quería ver era si yo estaba con otro hombre dentro de la casa. Pero su rostro me dio horror. Afortunadamente, todos aquellos años de convivencia me enseñaron mucho, y siempre pensé que dos personas violentas no pueden sobrevivir juntas porque se matan. Cuando yo lo veía violento como en esa ocasión, entonces me quedaba calladita, calladita. Le decía: "Ok, vamos a resolver esto mañana porque en este momento estoy cansada. Entonces al otro día yo lo denunciaba a la policía y lo arrestaban. Nuevamente venía y me destruía todo. En alguna ocasión entró violentamente acusándome de haberle escondido su libreta de direcciones y comenzó a romper todo. Al verlo, tranquila seguí pintando y mi niña que me vio tan calmada a pesar de aquel desastre a nuestro alrededor, no se alteró. Lo único que yo quería evitar era que la niña sufriera más."

"Cuando sentía que perdía el control de mi vida porque yo comencé a trabajar, entonces él comenzó a hacerse amigo de mis amigos y me seguía a todos los sitios donde yo iba. Así fue que finalmente vino la gota que derramó el vaso. Hallé dentro de la casa un escondite donde guardaba todo tipo de porquerías, fotografías de mujeres desnudas, entre otras cosas. Cuando se dio cuenta de que descubrí aquello, comenzó a perseguirme para matarme con un martillo. Solo alcancé a decirle a mi niña: 'Corre, corre y sálvate.' Vino la policía y a él le dio un ataque y se lo tuvieron que llevar al hospital. Días después el médico que lo atendía me llamó para avisarme que él saldría del hospital. En ese momento dejé la casa y me fui con la niña."

"Tiempo después, y sin tener apoyo de mi familia, comencé a abrirme paso por mi cuenta, como lo hago hasta el día de hoy. Empecé mi recuperación y el análisis de mi vida. Para unos soy una persona dura que no calla lo que siente, pero en el fondo eso se debe a que no puedo lidiar con algo cuando me gritan o tratan de abusar de mí. Por todo lo que he narrado aquí y lo que he preferido callar es que no permito que me abusen. Ya viví demasiado ese infierno y no creo que deban existir los abusadores sin razón."

La historia de Ana María, sucedió en la década de los setenta y los ochenta, cuando el abuso doméstico era simplemente un tabú. Pero en el siglo XXI las cosas son completamente opuestas. Se habla abiertamente de abusadores y víctimas, sean hombres o mujeres, y en los Estados Unidos la ayuda está al alcance de quien lo necesite. De haber existido la ayuda que ahora existe, la vida de ella y de otras miles hubiera sido diferente.

Encontrando Ayuda

La Coalición Nacional en contra de la violencia doméstica (NCADV), National Coalition Against Domestic Violence, tiene dos de las más importantes herramientas contra las víctimas. La primera es su página en la Internet: www.ncady.org donde puede encontrar todo tipo de explicación para un fenómeno que ocurre prácticamente en todas las capas de la sociedad sin importar blancos, negros, hispanos, ricos, pobres, cultos o ignorantes. La segunda clave para salir del problema es contactar a la línea de emergencia 1-800-799-7233.

A Corto Plazo

Las víctimas de la violencia deben entender que el círculo donde se encuentran y que puede llegar a causarles la muerte sólo puede romperse con soluciones a corto y largo plazo. Las más urgentes, es decir a corto plazo, se refieren al gravísimo período que sucede cuando la mujer deja el hogar donde es abusada. La opción es acudir con todo y los hijos a un refugio donde le proporcionarán comida, casa e información. Es el momento de mayor riesgo porque es cuando el abusador está buscando devolver el golpe a su víctima, pagando cualquier precio.

A largo plazo hay toda una serie de programas para educar y lograr modificar la mente de una persona que ha sido víctima de violencia doméstica física o emocional.

La Luz al Final del Túnel

A lo largo de treinta y un años como periodista de televisión, he cubierto decenas de historias sobre las víctimas de la violencia en todas sus formas, donde el problema requiere de toda una cadena de ayuda que comienza generalmente en los Centros de Ayuda a Familias en Crisis (Family Crisis Centers) que son los que canalizan cada caso a quien puede darles solución psicológica y legal.

Es todo un proceso que comienza con lo que a simple vista para cualquiera que no esté en el problema parecería absurdo, pero que para los que sufren el problema es cuestión de vida o muerte. Como por ejemplo, adelantarse a las circunstancias.

Plan de Escape

Generalmente las víctimas y sus hijos resultan dañados por la falta de un plan que les permita salir o por lo menos advertir a otros para que vengan a su rescate. Lo que Ana María no sabía cuando vivía el problema es que, inconscientemente estaba siguiendo una de las grandes recomendaciones de los expertos cuando la violencia se presenta: No violentar al agresor. Por tanto, la primera recomendación, si todavía vive con el abusador, es saber qué hacer para calmarlo cuando se violenta. Pero hay otras.

Tenga dinero a mano siempre. Por lo menos lo necesario para un taxi. Tenga cerca los números telefónicos importantes: policía, bomberos, familiares.

Tenga una palabra clave con familiares o amigos de forma que si usted llama y la menciona, de inmediato sepan que está en peligro y que deben acudir a su ayuda. Tenga a mano todos sus documentos personales, cuentas de banco, número de seguro social, licencia de manejar, comprobante del pago de impuestos. Todo esto le ahorrará tiempo al realizar trámites.

Si por el contrario, la relación terminó pero el ex se dedica a perseguirla para hacerle daño, no menosprecie su capacidad de poder atacarle.

Cambie el número telefónico.

Por medio del identificador de llamada (ID Caller), identifique las que él o ella hagan y no las responda.

Cambie la cerradura de la casa y evite quedarse sola o solo.

Piense qué hacer en caso de que su ex venga a causarle daño.

Es importante que guarde como evidencia, mensajes, insultos y todo tipo de contacto de quien lo ataca.

No siga ninguna rutina al ir de la casa al trabajo y viceversa.

Si tiene que reunirse con su ex, hágalo en un sitio público.

Hable sobre la situación que vive de abuso doméstico con su empleador, con sus amistades y si estudia, con las autoridades escolares. Recuerde que pueden ser testigos potenciales.

Cuando usted se ponga en contacto con la Coalición Nacional en Contra de la Violencia Doméstica, tenga por escrito lo que quiere. Más claro: si necesita un refugio temporal, la orientación sobre los aspectos legales y también ayuda psicológica. Recuerde que en momentos de crisis la memoria parece ausentarse, y escribir lo que necesita abreviará procedimientos y dolores de cabeza.

En el tiempo en que, como madre me tocó vivir de cerca la violencia en contra de mi hija menor, aprendí dos cosas valiosas. La primera, que hay que descartar la vergüenza ante el problema. Repítase que su vida es más valiosa y que no es ni la primera, ni la única, ni la última que la sufre. Y la segunda: que sólo usted puede romper el mortal círculo de la violencia doméstica. Si usted no lo decide y lo cumple, nadie más podrá ayudarlo, y quizá cuando quiera hacerlo ya sea demasiado tarde.

Volviendo a Ana María, ella sabe que es el ejemplo viviente de que luchó y se liberó, pero quiero que ella cierre este capítulo con su propia reflexión luego de años de sufrimiento interminable.

"Hoy con los años soy una persona versátil a la que le encanta aprender. Quisiera ser una esponja y volver a ser niña para comenzar a aprender las cosas que yo quiero. Estoy feliz. Soy feliz, aunque reconozco que lo único que no tengo es paciencia con la gente.

únicamente conmigo. Por lo pronto sé que la tengo para aprender y lograr mis metas, pero que en el futuro tengo que aprender a tener paciencia para callar y para olvidar."

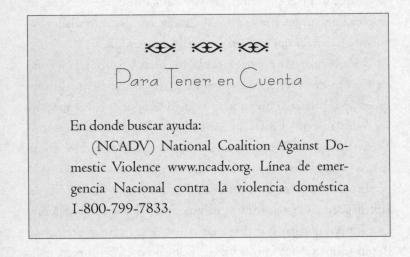

Para Tener en Cuenta

En donde buscar ayuda:
(NCADV) National Coalition Against Domestic Violence www.ncadv.org. Línea de emergencia Nacional contra la violencia doméstica 1-800-799-7833.

13

Las Visas y los Ex

Y mientras unas sufren por los golpes físicos que les dan sus ex otras (y otros) sufren el problema por partida doble: aguantan la violencia porque su estancia en los Estados Unidos depende del marido o la mujer que les está tramitando—o por lo menos—les ha prometido tramitarles su residencia legal. Basta eso para vivir un abuso sistemático, silente y sin esperanza. En la mayoría de los casos por ignorancia el abusador toma ventaja de su víctima que desconoce el beneficio de una de las leyes más generosas que hayan sido aprobadas por el Congreso Estadounidense. Me refiero a la ley conocida por sus siglas en inglés como VAWA, es decir Violence Against Women Act.

En la Unión Americana, Mario Lovo es uno de los abogados de Inmigración más conocidos por sus presentaciones en televisión. Lovo, experto en el famoso TPS, (Estatus de Protección Temporal para Hondureños y Salvadoreños), ha vivido en su oficina en Miami, Florida, los beneficios de acoger a víctimas de la violencia bajo la ley VAWA.

"Esta ley protege a toda aquella persona, hombre o mujer, que se hayan casado con ciudadanos o residentes legales de los Estados Unidos que les hayan hecho la petición para otorgarles el estatus legal y quienes, durante el proceso hayan sufrido de violencia física o emocional."

Requisitos de Protección

De acuerdo al abogado Lovo, hispano de origen nicaragüense, siempre y cuando exista evidencia, la ley ofrece amplia protección.

"Lo lindo de VAWA es que, aunque haya habido un divorcio, aunque la pareja ya no esté junta, se puede solicitar el beneficio, pero se requiere de fuerte evidencia. Ejemplo: Nada de que 'mi esposo me pegaba pero yo nunca le dije nada a nadie ni llené un reporte de policía.' ¡No! Eso no es válido. ¿Qué es evidencia sustancial para documentar un caso bajo VAWA? Bueno, hay refugios, es decir, las organizaciones donde se da asesoría, donde las víctimas de la violencia han pasado por lo menos una noche bajo la amenaza del cónyuge abusador. Eso es evidencia. También está por supuesto el reporte policíaco, el testimonio de los vecinos que conocen del problema y quienes pueden hacer una declaración jurada que sea utilizada en un juicio, y muy importante, el reporte que puede hacer a favor de la víctima su médico familiar que haya visto golpes y moretones, o su dentista. El mensaje es: Hay innumerables posibilidades de proporcionar evidencia... pero hay que presentarla."

Lovo obtuvo de VAWA la protección para uno de los casos que más le ha impresionado en su carrera profesional...

"Solicité la petición de residencia bajo la ley VAWA para un inmigrante colombiano. Era un hombre humilde que se había casado con una hispana que era ciudadana americana. La mujer hizo la petición de residencia para su esposo y al poco tiempo, la señora comenzó a abusar del hombre. Ella era enfermera y cuando llegaba de su turno en el hospital, a la hora que fuera, obligaba al hombre a que tuvieran relaciones sexuales. Al mismo tiempo lo humillaba si él no cumplía al pie de la letra sus deseos. ¿Resultado? Al hombre le daba miedo y pena confesar aquello que vivía día a día y llegó a sufrir hasta problemas de impotencia sexual. No llenó un reporte policíaco porque no llamaba a la policía, pero el problema del daño a su autoestima fue tan grande, que tuvo que recurrir a un psicólogo para recibir tratamiento. Como las exigencias de la mujer iban en aumento y el hombre no reaccionaba, finalmente la esposa lo corrió de la casa. A pesar de no existir reporte policíaco alguno, sin embargo, gané el caso y se le otorgó a mi cliente la residencia basada en la evidencia con credibilidad. Como no se podían grabar las humillantes conversaciones a la hora de los problemas, sin embargo, para la ley bastó el testimonio del psicólogo para probar la violencia y el abuso emocional que recibió mi cliente."

La ley en contra de la violencia a las mujeres ha tenido tales repercusiones que países desarrollados como Bélgica y Gran Bretaña están aplicando el modelo para adaptarlo a sus circunstancias, especialmente con mujeres que pertenecen a grupos étnicos que han emigrado de África a Europa. En los Estados Unidos, de acuerdo a los casos, asegura el abogado Lovo, el mayor abuso se registra en los campos rurales de California donde la mujer tiene menos posibilidades de conocer sus derechos, y el abuso ocurre en zonas apartadas donde nadie se da cuenta de lo que sucede y ellas prefieren callar y sufrir por miedo a ser deportadas. De acuerdo a otras cifras, los cubanos que emigran a los Estados Unidos son el blanco de quienes quieren obtener la residencia casándose con ellos. ¿La razón? La Ley de Ajuste Cubano otorga rápidamente a este grupo sus documentos y por ende proporciona residencias rápidas.

Esposos, Padres e Hijos

VAWA contempla cuidadosamente la gama de posibilidades para acogerse bajo la ley:

Esposos

La ley acepta la solicitud de un cónyuge víctima de abuso físico que esté casado con un ciudadano de los Estados Unidos o un residente permanente. Los hijos solteros menores de veintiún años, y que no tengan una petición hecha por ellos mismos, podrían ser incluidos como beneficiarios derivados o Derivative Beneficiaries.

Padres

Se acepta la petición del padre de un hijo que ha sido víctima de abuso por parte del esposo o esposa que son ciudadanos o residentes legales.

Hijos

La ley contempla protección para los hijos solteros y menores de veintiún años que han sido víctima de la violencia de un padre que es ciudadano americano o residente legal.

Qué Hacer Para Protegerse Bajo VAWA

Antes que todo, aunque usted puede presentar por sí misma su solicitud, es recomendable que tenga asesoría de los expertos como lo pueden ser consejeros de inmigración autorizados o un abogado. Lo fundamental entonces es: escoger cuidadosamente a quien lo va a representar ante Inmigración. ¿Cómo hacerlo? Siguiendo dos pasos fundamentales: Primero, que esa persona le muestre evidencia de que ha trabajado o está familiarizado con los beneficios de VAWA, y segundo, que al margen de su conocimiento jurídico tenga un gran sentido de la humanidad y el dolor para entender la situación en la que se encuentra su cliente.

"Mi consejo, añade Mario Lovo, es en primera instancia, no intentar utilizar a VAWA para asuntos fraudulentos. De suceder esto, la oficina de Ciudadanía y Servicios Migratorios utiliza todo el poder de la ley para acusar a la persona de fraude... y eso representa años de cárcel. En el otro extremo, las cosas son generosas. No he visto que uno solo de los casos bien documentados hayan sido rechazados. El argumento es sencillo. Tienen que dar el beneficio de la duda a quien está solicitando protección bajo esta acta. Los casos que se basan en abuso físico documen-

tado son fáciles de ganar...Pero al mismo tiempo, ninguna residencia vale una golpiza, porque sobre todo, hay que hacerse valer
como persona."

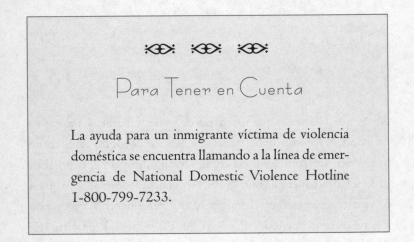

Para Tener en Cuenta

La ayuda para un inmigrante víctima de violencia
doméstica se encuentra llamando a la línea de emergencia de National Domestic Violence Hotline
1-800-799-7233.

14

Los Fantasmas del Pasado

Hasta este momento todo ha sido aprender, como reza el título de este libro *Cómo Lidiar con los Ex,* que son hombres y mujeres comunes y corrientes. Exs cuya presencia se toca y se siente, que hacen llorar y sufrir por actos que cometen diariamente. Pero, ¿qué pasa con esos otros ex que siguen estando en todas partes cuando en realidad ya partieron de este mundo? ¿Qué pasa con aquellos que transformaron la vida de aquellos que les sobre-vivieron? La respuesta es tan dolorosa como la ausencia que provocaron. Se convierten en una categoría de ex que a pesar de no estar presentes, están por todas partes y se convierten en fan-tasmas del pasado. Personalmente lo sé. No puede haber más llanto y tristeza que la que provoca estar un día en un panteón y sepultar materialmente a alguien con quien se compartió la vida. De eso sí que no hay retorno. Me ha tocado vivirlo no una, sino dos veces, y por respeto a una promesa hecha, no entro en detalles innecesarios.

Antonietta, mi hija menor, quedó huérfana de padre en 1985, y no fue hasta hace poco, mientras escribía este libro y ella me ayudaba en el proceso, que pudo abrir un poco más su alma cerrada a un recuerdo que inevitablemente le duele: "Durante años, a pesar de que mi papá Toni siempre ha estado ahí y de que Fabio es un gran padrastro, siempre sentí la ausencia de mi verdadero padre. Durante años también, y al ver que otras madres peleaban con los padres de mis amiguitas y alguna que otra decía que el papá era como 'si estuviera muerto porque nunca estaba,' yo hubiera querido que en el fondo tú me hubieras dicho una mentira y que mi papá en realidad no se hubiera muerto. Me hubiera gustado saber que por lo menos estaba viviendo en otro lado, o que te hubiera abandonado por otra y que por eso tú lo hubieras borrado de tu vida diciéndome una mentira, pero que en realidad estaba vivo en algún lugar. No era así. No habías mentido y efectivamente mi papá falleció cuando yo todavía no cumplía los dos años." Jesús González murió de forma inesperada, pero en verdad creo que nunca se alejó de la vida de Antonietta, su hija menor, porque especialmente en el tiempo en que mi hija era víctima de la violencia de un novio que casi me la mata, desesperada, yo le pedía que en donde quiera que él se encontrara, me ayudara a salvarla de aquello. Cuando los peores momentos del problema estaban teniendo lugar, y nada parecía estar a mi favor para que ella saliera del problema, en una ocasión, al borde de la desesperación, recuerdo haber ido manejando por un freeway cuando abrí el *sun roof* del auto y mirando hacia el cielo comencé a gritar retándolo para que me escuchara y viniera en mi ayuda: "Jesús González ahora sí estoy segura que no te fuiste al cielo, porque si estuvieras ahí ¡ya hubieras venido a ayudarme a salvar a tu hija!" Aquel paroxismo de locura mostraba simplemente como estaba aferrándome a un fantasma de mi pasado para lidiar con aquel presente devastador. Cuando después de meses el problema de Antonietta terminó, también volví a hacer lo mismo de aquel día. También volví a invocar al padre muerto. Nuevamente abrí el auto y mirando al cielo le dije: "Ay Jesús, perdóname. Gracias por haberme ayudado a salvar a tu hija desde el sitio donde estás convertido en un ser de luz. Ella está libre del problema y yo sé que desde allá algo tuviste que ver para ayudarnos acá."

¿Estaba desvariando? Para unos, quizá sí. Para mí, no. Estos son los fantasmas del pasado que siguen viviendo en un plano diferente de nuestras mentes y por tanto no mueren nunca. Pero lidiar con ellos requiere entender toda una gama de sentimientos que son transformados por la circunstancia y el dolor que provocan actuar de forma diferente. Para unos, lidiar con un ex que ha muerto es cuestión de tiempo. Tienen que pasar muchos años, por lo menos un tiempo razonable para poder digerir que ya no están. Y el dolor por la partida puede manifestarse de diferentes formas, algunas incomprensibles. Si en abril del 2005 México entero se estremeció con la muerte repentina de la actriz Mariana Levy, en junio de ese mismo año, dos meses después de aquel fallecimiento, las noticias del espectáculo se estremecieron nuevamente con otra noticia que dejó a millones con la boca abierta: el viudo de Mariana Levy había comenzado a salir con una conocida cantante grupera, joven, bonita y simpática. De inmediato las opiniones se polarizaron. Surgieron los que estaban a favor de que la vida tiene que continuar y que estaba bien que el viudo comenzara una relación, y por el otro, nos encontrábamos—y me incluyo en ellos—los afectados por aquella muerte infame, traicionera y estúpida, que simplemente no entendíamos cómo después de una pérdida tan grande y sin un tiempo prudente de espera, surgía este noviazgo lleno de alegría y esperanza, cuando aún no se secaban las lágrimas por una madre maravillosa y joven que dejó de golpe y porrazo a tres niños huérfanos.

Tuve el privilegio de conocer a Mariana Levy cuando ella tenía diez años de edad. Para mí era simplemente Marianita, la hija de mi comadre Talina Fernández. Su muerte me hizo vivir a distancia el dolor inconmensurable de Jorge y Patricio, sus hermanos, de Gerardo Levy, su padre, de Alejandro Carrillo Castro, su padrastro y antes que nadie, el dolor y la desesperación de Talina, su madre. Al ver las imágenes por televisión de todos ellos destrozados por el dolor, del viudo siguiendo el ataúd apenas pudiendo sostenerse ayudado por familiares, el dolor era aún más inmenso. Dolía aún más ver a Talina acompañada de Virginia Sendel, otra madre que sabe lo cruel que es la vida cuando te arrebata a un hijo, en el caso suyo, a otra hija extraordinaria que también se llevó con ella a su adorado nieto.

Pero de las imágenes de dolor descarnado en el sepelio y las misas por el descanso del alma de Mariana, a las del viudo sonriente, arribando de la Argentina en un viaje de placer con su recién estrenada novia ¡transcurrieron menos de noventa días! Y los ánimos se encendieron más. Talina Fernández, tan señora como siempre, tuvo que salir a calmar los ánimos en contra de su todavía yerno y de la novia de éste, aunque entre líneas había que leer el dolor y la traición que seguramente tuvo que reprimir. "Fue un error de sentido común" dijo sin más. Mientras luchaba con su luto pidiendo que en México se hiciera un alto a la violencia que hizo a su hija morir del susto cuando viajaba con su marido e hijos, y fueron a ser asaltados en plena calle de la Ciudad de México.

Por dolorosísimas razones como esa, la gente se preguntaba ¿qué tenía en la cabeza el viudo? De acuerdo a la psicóloga Rebeca Fernández, quien tiene su oficina en Miami, es enterrar a los "fantasmas del pasado," y de paso enterrar también la memoria del que por una tragedia pasa a poblar el mundo de los ex: el de aquellos que han muerto.

"Eso depende mucho de la persona. Estamos hablando de dos especies diferentes: hombre y mujer. El hombre es muy lógico, frío, está listo para pasar la página, sigue adelante, y se acabó, no mira para atrás. La mujer es más sentimental, piensa más en el pasado, más en el que dirán. Probablemente lo hizo para mitigar el dolor y resolver la situación. Ellos dicen: 'ya no puedo hacer nada, ya se murió y no la puedo traer a la vida y tengo que seguir adelante.' El hombre difícilmente se queda llorando eternamente porque ellos, repito, buscan una solución. Eso es lo que las mujeres tenemos que aprender de los hombres. Nosotras sufrimos más en la vida porque nos aferramos a las cosas y no podemos cerrar la puerta. Las mujeres sufrimos tres y cuatro años por una relación que simplemente se acabó sin que se haya muerto la persona, cuanto y más por alguien que falleció. Esa es una de las grandes diferencias entre el hombre y la mujer."

Hablando de pérdidas sorpresivas y dramáticas, la periodista de televisión Edna Schmidt, vivió en carne propia la tragedia de perder de un momento a otro a quien se ama. Los primeros días de enero del 2005, y luego de haber festejado con su novio el fin de año, éste murió repentinamente. Era joven, la vida lo había

llevado a seguir a Edna por todas las ciudades y tenían un par de
años viviendo en Miami donde estaban haciendo los preparativos
para la boda, cuando todo cambió súbitamente para ella.

"Es el golpe más grande que he recibido en la vida. El golpe
más grande. Todavía me sigo preguntando ¿por qué Diosito?
¿Por qué? ¿Por qué me ha tocado vivir a mí esta experiencia tan
traumática cuando estábamos felices haciendo planes para el futuro? Fue como el tsunami y así me sentí yo. Como que algo de
repente vino y me arrastró. Desde entonces un dolor y una tristeza
me acompañan siempre y no hay un solo día que pase sin que
piense en él. No hay un solo momento en que no llore, en que no
lo recuerde."

En medio del luto, una anécdota me unió a ella que era mi
compañera de trabajo. Al enterarme de lo que había sucedido, de
inmediato la llamé para darle el pésame sin imaginar que se encontraba haciendo personalmente los trámites para el sepelio. "No
voy a olvidar nunca que recibí tu llamada justo cuando yo estaba
haciendo algo que no tendría que haber hecho nunca: escoger las
flores para el funeral del hombre que amaba. Y yo me preguntaba y
te lo dije, ¿por qué tengo que hacer esto cuando debería estar esco-
giendo flores, sí, pero para nuestra boda?"

Edna, una mujer joven y llena de ilusiones me trajo a la mente
el recuerdo del día que fui a comprar un traje para el padre de Antonietta y el dependiente de la tienda me preguntaba la hora y el
día "en que el señor iría a tomarse las medidas para el dobladillo
de los pantalones." Recuerdo haber volteado a verlo y decirle:
nunca. No va a venir nunca porque este es el traje con el que vamos
a enterrarlo.

Lo que pocos imaginan en circunstancias similares, es que

cuando cae la última paletada de tierra sobre una tumba, o cuando
se reciben las cenizas de alguien con quien se ha compartido la
vida, entonces ellos quedan en la memoria como estaban al momento de partir, jóvenes, dejando atrás una devastadora escena
para quienes comienzan a sobrevivir la tragedia. Por razones similares, es que a Schmidt, a mí, y a muchos otros lo que ha sucedido
con el viudo de Mariana Levy resulta algo doloroso de aceptar por
la premura.

"El duelo es algo muy personal," afirma Schmidt, "y constantemente siento que él está cerca de mí. Creo que todo tiene su
orden en el universo y que uno no puede presionar las cosas. Trato
de mantenerme ocupada, pero todavía, a menos de un año de su
muerte yo no puedo salir con nadie. Me invitan a salir y no puedo.
No puedo, ni quiero hacerlo. He rechazado citas, sólo salgo con
amistades, pero es tan difícil, porque la pérdida no es porque te
divorciaste, o dejaste a un novio, es porque hubo una muerte de por
medio. Y entiendo que es difícil para quien se le acerca a uno. Pero
la gente presiona sutilmente y pregunta. Me molesta que no se den
cuenta del sufrimiento que llevas por dentro, de lo que sufres en
privado, del dolor de llegar a tu casa vacía. Por el trabajo en la televisión donde uno siempre tiene que dar la mejor cara, maquillada y
sonriente, es que muchos no entienden que esa es sólo la parte ex-
terior y que el dolor es enorme, y que se lleva por dentro. Por lo
menos ahora estoy un poco mejor, porque ya no vivo hora a hora
como en los primeros momentos después de su muerte. Sólo sigo
pidiendo: Diosito no me quites la fuerza. Y comienzo a cuestio-
narme: ¿De dónde la he sacado? ¿Cómo he podido sobrevivir quedándome en Miami donde están los recuerdos? ¿Ahora que hago
con mi vida? Poco a poco las preguntas han tenido respuesta con la

resignación. A fin de cuentas, comienzan a pasar los meses y ya no es tan doloroso, pero el recuerdo siempre esta ahí."

Lo que Edna Schmidt hizo para abreviar el dolor fue recurrir a una terapista especializada en ayudar con este tipo de tragedia.

"Con eso adelanté el proceso de mi sanación. Como al mes hice la cita con la psicóloga y fue una bendición, además no tomé ningún tipo de medicamento, porque yo sabía que las medicinas iban a ayudarme a pasar el dolor, sí, pero que finalmente este se encontraba ahí en mi mente, y que algún día tendría que enfrentarlo. Decidí hacerlo pronto y hoy entiendo un poco más las cosas que me han pasado. Sé que tengo en el otro angelito que me está guiando. El futuro es dedicarme al trabajo. Le digo a papá Dios: 'Te entrego mi vida, haz lo que tú quieras, en el momento indicado alguien llegará a mi vida y esa persona tendrá que entender que será otro tipo de amor porque perdí al gran amor, a la persona con la que me quería casar.' Cada día me siento más fuerte, reponiéndome del golpazo que me dio la vida, porque uno tiene que seguir."

También la periodista Teresa Rodríguez sufrió en carne propia lo que la palabra pérdida significa. En unos instantes quedó viuda con dos hijos adolescentes. Y con el tiempo, al rehacer su vida comenzó a entender el significado de la palabra comparación. "Cada vez que conocía a alguien, comparaba. La comparación es algo natural, sobre todo, como en mi caso, que estuve casada por muchos años. La primera vez que salí con alguien fue difícil, sentía melancolía. A partir de entonces le pedí a Antonio que me guiara, que me diera claridad, y lo sigo haciendo. Sé que fue él quien me puso en mi camino a una nueva relación, a la pareja que ha traído a mi vida mucha comprensión, al hombre que me da calma, en una edad donde lo que busca uno es compañía. Ahora creo que desde donde se encuentra, Antonio me lo envió en un momento en el que me quedo sola porque mi hijo mayor se va a la universidad. Todo pasa por una razón, no hay coincidencia."

Sin embargo, Rodríguez como muchas, como yo misma, sabe que luego de la pérdida de un compañero, la máxima popular es sabia: ¿Quieres que se digan tus defectos? Cásate. ¿Quieres que se exalten tus virtudes? Muérete, porque la muerte borra todo lo malo.

"Eso es lo más difícil. Enfrentarte a quien ya no está, y por tanto es el mejor. Es cuando te preguntas: ¿A quién le pido para que me ayude? ¿A Dios o a él que fue un hombre bueno? Y me encuentro pidiéndole a menudo a él para que las cosas nos vayan bien a mí y a sus hijos."

El sentimiento no es ajeno. Durante muchos años yo enfrenté la misma situación, hasta que luego de mucha reflexión y ayuda psicológica entendí que el único mundo que se había destruido era el mío, y que el de los demás seguía vivo... y que ahí me encontraba yo, y que por tanto debía salir adelante. Después comenzó mi recuperación hasta llegar a la nueva etapa de mi vida donde los cambios se han ido dando positivamente en ciclos de diez años. La última década, gracias a Dios, la he vivido junto a Fabio, quien no entiende mucho del mundo de los muertos y quien luego de un tiempo escuchando las historias del pasado, me confesó que por primera vez sentía celos de un muerto. Aprendí entonces que todo aquello no podía seguir lesionando ni mi presente ni mi futuro, y que poco a poco las memorias deberían ir quedando en la inmensidad de mis recuerdos. Hoy simplemente cuando miro hacia atrás me encuentro con la sensación de haber hecho bien las cosas, pero con la necesidad de escribir una carta que comenzara diciendo: "Quisiera que vieras hasta donde he llegado gracias a ti."

Pero rectifico y estoy consciente de que no puedo enviarla a ningún sitio, aunque también sé que el destinatario de la carta sabe perfectamente todo lo que he logrado. Y eso, saber que sigue ahí, como lo ha hecho en décadas, desde ese plano que es infinito, es mi mayor protección.

❧❧ ❧❧ ❧❧

Para Recordar

El luto es algo muy personal. No presione para que nada suceda antes de tiempo.

Tenga en claro que el único mundo que desapareció es el que usted tenía con la persona que murió, pero que usted quedó con vida en un mundo al que debe reintegrarse rápidamente.

Al sobrevenirle una pérdida, busque ayuda psicológica lo antes posible. El sufrimiento hay que canalizarlo y los recursos para hacerlo son enormes.

La ayuda psicológica acelera el proceso de sanación, por tanto debe ser tratada por un profesional con experiencia en cómo superar una pérdida.

No intente distraer el dolor saliendo a fiestas, tomando alcohol, e iniciando rápidamente relaciones que no lo llevarán a nada. Al final del día, el dolor y la pérdida van a estar un largo tiempo en su vida y en algún momento tendrá que enfrentarlos. La forma de digerirlos es con calma, intentando tener paz y racionalizando que en esta vida hay dos palabras maravillosas: "Todo pasa." Y que si pasan el amor y el dinero, también el dolor y el sufrimiento pasarán.

15

Los Ex Obesos

Desde el mundo del más allá regresamos al del más acá, para seguir hablando de los ex con otra clasificación, diferente por completo de todos los que ya he mencionado...Estos son, ¿y por qué no iban a serlo? Los que fueron gorditos y gorditas. Esas víctimas silentes de la injuria humana que se burla de su aspecto, pero que gracias al avance de la ciencia y al valor de enfrentar el cambio, modificaron su vida mediante la cada vez más popular cirugía bariátrica del "by-pass gástrico." Por supuesto que semejante tema no podría escapar a unas cuantas historias de investigación que he hecho. Los casos, uno a uno, me conmovieron hasta las lágrimas.

Pero hablando de ex obesos a los que la vida les ha cambiado al modificar su aspecto, yo no me quedaba sin ejemplos. Adrianna, mi hija mayor, es uno de ellos. Nació flaquita, pero con los años su cuerpo cambió con todo aquel mundo de comida chatarra que ingería en grandes cantidades. Callé el dolor de verla sufrir por la gordura y luché con todas las armas que tuve a mano hasta que me sentí vencida y comencé a aceptar que había dejado de ser niña para ser un adulto víctima de la obesidad. Pasamos juntas mil y una situaciones hasta que finalmente, cuando escribí mi primer libro *Dietas y Recetas de María Antonieta* me decidí a hablar. Lo hice no sin antes pedirle permiso para abrir nuestro corazón y ayudar con nuestra experiencia a ese gran mundo de víctimas de la obesidad que son los niños y jóvenes. El día en que presenté el libro en *El Show de Cristina* teniendo a Cristina Saralegui como madrina, ella me llevó a Adrianna como sorpresa. Al igual que el resto del auditorio, yo también me quedé sorprendida al verla más obesa que nunca: casi doscientas cincuenta libras. Ahí mismo Adrianna me tenía guardado algo más. Frente al auditorio prometió bajar de peso, y para hacer corto el cuento, lo cumplió. Solita con dieta y ejercicio bajó más de cien libras y fue el personaje central de mi segundo libro (más bien de nuestro segundo libro) *¿Quién Dijo que No Se Puede?* que ella me ayudó a escribir. Lo próximo fue su cirugía para reconstruirle el abdomen y quitarle dieciséis libras de piel que tenía fláccida, y el cambio notable de su imagen fue extraordinario Lo demás, lo cuenta ella de puño y letra.

Enfrentando la Realidad

Este es el testimonio de Adrianna P. Collins:

"Después de los dos libros, de firmas y presentaciones públicas, de haber perdido una gran cantidad de peso con la ayuda de medicamentos, cambio de alimentación y ejercicio, ¿qué pasó? Que dejé de tomar la

medicina y cuando menos me doy cuenta mi régimen de alimentación está fuera de control nuevamente y poco a poco comienzo a aumentar de peso, lo que me causa problemas físicos, y por ende, el ejercicio pasa a un plano invisible. En ese momento me doy cuenta que a pesar de que mi cuerpo había ido de una talla 24 a una 10, en mi mente yo seguía siendo la misma persona de antes. En principio no me preocupé porque yo no quería que mi personalidad cambiara porque me veía mejor, que es lo más común cuando la gente se siente bien con su nuevo físico. Yo no quería que me pasara lo que a decenas de ex gorditos muy simpáticos, que después de perder peso no había quien los aguantara porque se volvieron déspotas y groseros con la gente pasadita de peso, como si quisieran olvidar. En mi caso todo fue como un arma de doble filo. Me veía en un espejo y me sentía como antes, pero la persona que veía en el espejo no correspondía con la nueva imagen y ese fue el problema. Yo me preguntaba…¿Cómo alguien que se ve de esta manera después de tanto tiempo, de trabajar tan duro para lograrlo, puede estar tan descontento consigo mismo? No encontraba la respuesta porque no estaba lista para reconocer que en el fondo no quería renunciar a lo que yo había sido siendo gordita. El análisis a conciencia no quería dejar de lado el caparazón contra los ataques y las groserías, y creía que en el momento en el que yo dejara ir a 'Adrianna la gordita' iba a quedar vulnerable a cualquier cosa. Era como traicionar a mi "yo" interno, y entendí la frase aquella de que uno puede ser su mejor amigo o se puede autodestruir."

Volví a Caer

"Una de las cosas que he aprendido de mi mamá es su extraordinaria fortaleza de no dejarse vencer y tener el coraje necesario para hacer las cosas más difíciles a pesar de los obstáculos. Desde niñas, mi hermana Antonietta y yo crecimos escuchando una de las frases que constantemente mi madre repetía si algo no salía como lo planeaba: 'El problema no es caerse sino el poder levantarse.' Y en aquellos momentos de frustración y fracaso nuevamente por el sobrepeso me parecía como si estuviera escuchándola decir: 'Uno no se puede quedar en el piso y dejarse. Todo el mundo tropieza y cae en algún momento, pero no mi hijita, caerse y no pararse, ¡nunca! Imagínate si yo me tirara a la tristeza cada vez que una entrevista no sale como yo quiero. ¡Estaría amolada y no hubiera llegado a donde estoy! Y es precisamente eso lo que me viene a la mente después de haber batallado toda mi vida con la gordura. Pero esa era ella y yo era algo distinto. Estaba ahí, derrotada, y a miles de millas de distancia, y dispuesta a no decirle: mamá, caí otra vez."

Adrianna Collins sigue narrando el calvario que vivía nuevamente. "Una de las señales a las que debí haber puesto atención, pero que ignoré en el momento en que alcancé mi meta en el año 2003, fue que inconscientemente me repetía: No es posible que éste sea el final. Ya bajé de peso y todo se acabó. Con los meses volvió el descontento conmigo misma y la obsesión por no volverme a dejar engordar, pero me invadió otro temor que en realidad fue el pretexto que terminó con todo lo que había logrado: miedo a la anorexia y a la bulimia. Protegida con esa excusa me olvidé de todo lo que tenía que ver con el peso y me descuidé, y comí y comí. Meses después lo que más temía estaba ahí: estaba muy gorda... y enferma."

El By-Pass Gástrico

"Mi salud estaba deteriorándose rápidamente por la presión arterial alta. Aquel mundo de sobrepeso en mis rodillas me tenía al punto de necesitar una cirugía, y había más, tenía que dormir conectada a una máquina para respirar porque estaba sufriendo una severa apnea durante el sueño. Un día me desperté pensando 'esto no es vida.' Sabía que nuevamente tendría que hacer algo, pero que ya no podía haber vuelta atrás. Cualquiera que fuera la medida, tendría que ser definitiva ya que mis problemas físicos iban en aumento. Así es que empecé a investigar diferentes métodos en todas las áreas habidas y por haber (ya en ese punto había tratado casi todas) y fue cuando encontré la solución a mis problemas: El famoso by-pass gástrico o cirugía de reducción del estómago. Llamé a la clínica que había investigado y que está en Columbus, Ohio, y encontré al Dr. James Viglianco, que resultó ser mi ángel y bendición. Después de cuatro horas hablando y explicándome cada detalle inimaginable sobre cómo mi estómago se reduciría al tamaño de una pelota de golf, salí de ahí con la certeza de que esa era la solución a todos mis problemas, y de que esto sí cambiaría mi vida sin que hubiera 'vuelta para atrás.' Sin pensarlo dos veces empecé con la larga espera de análisis y estudios que hay que hacerse antes de la operación, y cinco meses después estuve lista para el quirófano, sin que en ese tiempo me hubiera pasado la idea de renunciar al procedimiento, algo que nunca estuvo en discusión."

Volviendo a Ser Dueña de Mi Vida

"Siempre agradeceré al Dr. Viglianco que en ningún momento me presionó a tomar la decisión de hacerme la cirugía, sino que simplemente me explicó las razones para mejorar mi calidad de vida. El saber que la comida no iba a controlarme nunca más, simplemente me regresó a la vida. Sin decírselo a nadie. ¡Por nada de este mundo se lo diría a mi madre que ignoraba como estaba yo! Y con mi hermana Antonietta estudiando su semestre en Brisbane, Australia, entré a la sala de operaciones. Al volver de la anestesia, fue el doctor el que me dijo las primeras palabras que nunca olvidaré: 'Despierta, ya todo pasó. Bienvenida a tu nueva vida.' Y como si aquello fuera un conjuro mágico, todos mis miedos desaparecieron. Ya no estaban. Pasé después por muchos cambios emocionales, etapas donde la escasez de comida te hace preguntarte... ¿qué hice? Pero para mi tranquilidad esta vez la respuesta la tenía inmediata en mi cerebro. ¿Qué hice?... ¡Por supuesto que lo mejor para mí! No se puede ignorar que se sufre dolor y molestia por el procedimiento, pero también la esperanza de que funcionará. Con los días, comencé a ver mi cambio y me sobrevino un sentimiento de tranquilidad y seguridad que no había sentido antes, y me sentí feliz."

Una Nueva Yo

"Uno de los grandes cambios es que el miedo y el temor a ser la de antes, ya se han ido. No tengo miedo y la comida es sólo el camino para mantener mi cuerpo con energía, no mi razón de ser. ¿Quién me iba a decir que después de esta cirugía tan drástica, iba a surgir una persona más fuerte y segura que nunca? Así sucedió. Poco a poco he ido reinventando Adrianna y esa es la clave. Tomo lo bueno que logré entonces con mi mamá, (una experta en reinventarse) pero mejorado todo con lo que ahora sé que funciona. Aprendí y sigo aprendiendo en el camino. Aprendí que tratar de cambiar no funciona si no hay información y si no se busca apoyo. Continúo bajo el cuidado de mi médico, sigo todo al pie de la letra y me recuerdo diariamente, que la que fui, ya no existe más."

Nuevamente yo, María Antonieta Collins, la autora de este libro y madre de Adrianna P. Collins, retomo las páginas en medio de la sorpresa que me causó semejante confesión de la que me enteré cuando Adrianna en agosto del 2005 me envió su testimonio para este libro. Nunca imaginé que mi hija mayor se hubiera sometido al procedimiento, y mucho menos que no me lo dijera. Pero mi instinto materno me decía que Adri, con el tiempo y los pretextos había vuelto a caer, y que en su momento solita saldría a buscar la solución. Imaginé que estaría obesa, porque Antonietta, eterna cómplice de la hermana se limitaba a decirme: "No te preocupes mami, que no ha vuelto a recuperar las doscientas libras de más que tuvo." Aquello se traducía en: "Si bien no son doscientas ... cien por lo menos si son." Y no me equivoqué y eso me dolía como nadie se puede imaginar. Pero como parte de todo el crecimiento alrededor de los problemas de los hijos he aprendido a respetar que como adultos son dueños de su propio destino, y que uno como padre, poco puede hacer. Por esto fue que dejé que las cosas tomaran su rumbo, que a Dios gracias, fue el correcto.

De mis historias de investigación en mis años de Corresponsal Principal estuvieron las que hice alrededor del by-pass gástrico, procedimiento extraordinariamente avanzado que ha ayudado a miles a ser simplemente otra persona. Uno de ellos es Teresa Safié, una activista a favor de los animales víctimas de abuso, una mujer bondadosa con aquellos que no tienen voz, y quien pesaba casi quinientas libras. Hoy, gracias a su decisión, quizá la más grande de su vida, pesa trescientas libras menos.

"Sólo el que ha vivido el calvario de la obesidad mórbida sabe lo que es vivir una nueva vida, cuando se comienzan a experimentar cosas antes imposibles por el exceso de peso. Mi vida era nueva con algo tan sencillo como disfrutar vestirme por la mañana, mirarme al espejo y no sentirme enojada conmigo misma, poder caminar por un centro comercial sin tener que sentarme a descansar cada cinco minutos, ir por la calle y no sentir vergüenza de que la gente me mire, sentarme en una silla de teatro o cine y hacerlo cómodamente. Pero como todo tiene su precio, disfrutar esta nueva vida no ha llegado por arte de magia, por hacerse la operación, comer menos y bajar de peso. No. Así de fácil no es."

No es algo fácil ni para el paciente, ni para el médico. "En la cirugía en el estómago," me explicaba en una ocasión el Dr. Verdeja, cirujano gastroenterólogo de Miami, "hacemos el papel de plomeros del cuerpo humano. Nuestro trabajo como cirujanos es el de rediseñar el tracto intestinal y hay limitaciones que el paciente está dispuesto a aceptar de antemano."

Pagando el Precio

"Hay grandes cambios," asienta Teresa Safié "y hay cambios permanentes, y sobre todo hay un precio que pagar. El cambio inmediato es adaptarse a la estricta dieta de los primeros seis meses. Después de mi cirugía no podía comer más que proteína, nada de frutas ni vegetales. Poco a poco y con el tiempo estos alimentos fueron introducidos en mi nueva dieta al igual que la mayoría de los otros. Estos fueron los grandes cambios en mi patrón de alimentación. Pero en mi nueva vida los cambios permanentes eran los que me iban a ayudar a tener éxito en el procedimiento. ¿Cuáles eran? Los más insignificantes para quien no sufre de sobrepeso: No poder comer rápido nunca más. Tener que comer a paso lento, masticar muy bien, ya que de no hacerlo, simple y sencillamente te sobreviene una sensación de asfixia que te hace sentir que la garganta se cierra. Ese es el preámbulo al vómito incontrolable que vacía el estómago y a no poder comer ni tomar nada por un largo tiempo. Hasta que comencé a identificar las nuevas señales de mi cuerpo. En muchísimas ocasiones dejé la comida y esperé aterrada el momento de volver a comer. Vivir sin tomar azúcar es el otro gran reto a enfrentar. Después del procedimiento el cuerpo no la reconoce, y el ingerirla indebidamente causa mareo, náusea, sueño y en casos severos puede llegar a causar desmayos producto de un desequilibrio en la química del cuerpo que necesita de toda el agua que tiene en ese momento para librarse de esa sustancia que ya no reconoce. Esto ha sido para mí lo más difícil, pues los postres y helados han sido siempre una debilidad. Pero mi nueva imagen, y la que lograré en el futuro es más importante. Hoy he aprendido a disfrutar muchas cosas en muy pequeñas porciones para no provocarme problemas. ¿Es un alto precio por pagar? Sí, lo es. Pero mi 'nueva yo' vale la pena."

Mi amiga Guadalupe Focil de Merizalde, una ecuatoriana que en Miami ha desarrollado "La Dieta de Guadalupe," ha sido un factor importantísimo en la recuperación de personas como Teresa que se han sometido al tratamiento del by-pass gástrico. Guadalupe con su dieta diseñada en base a porciones pequeñas pero sabrosísimas, ha seguido intensamente y paso a paso, el cambio de Safié.

"Para mí realmente la clave está en comer menos. Pero también la clave está en las combinaciones de los alimentos y en que estos tengan un sabor agradable para que el paciente no abandone su programa de dietas. Por eso es que nos empeñamos en el sabor especial y así no se sienten insatisfechos de la comida. Esto no lo hemos logrado de la noche al día. Es el resultado de siete años y medio con el programa de la dieta. Una clienta me decía: 'Yo no puedo creer que con esta comida bajara de peso.' Yo pienso que todo es posible cuando se hace el balance adecuado. Es por eso que me puse a crear recetas ricas que no aburran. En el caso de Teresa Safié, sabemos que es un largo tratamiento hasta llegar a su peso normal, pero a la vez ha sido un gran éxito el hecho de que personas que se someten a la reducción de estómago puedan reintegrarse al mundo de las comidas sin temor mediante nosotros."

"La Dieta de Guadalupe," afirma Teresa Safié, "ha sido fundamental para poder seguir bajando de peso, pues cuando ya empiezas a comer de todo es difícil tener a mano una alimentación balanceada. Cuando después de dieciocho meses de la cirugía mi pérdida de peso estaba haciéndose lenta, y desesperada batallaba con las últimas libras, apareció Guadalupe Focil. Con la ayuda de su esposo, el Dr. Diego Merizalde, planifica todas las comidas que son riquísimas y con las que no sientes que estás a dieta...Y algo más, la preparan diariamente y en cajitas para el almuerzo y la cena, la dejan a las puertas de la casa donde nos espera al llegar del trabajo. Gracias a ella soy otra persona con 300 libras menos."

Buscando Soluciones

Durante mis investigaciones sobre la operación del estómago, a la par de la cirugía bariátrica, me tocó la aprobación por parte de la administración federal de medicinas y alimentos (FDA) de la otra gran herramienta en la pérdida de peso: la Banda Elástica (Elastic Band), que es simplemente una liga especial que se inserta en el estómago mediante laparoscopia. Es una cirugía menos drástica que la del by-pass, y ciertamente es muy efectiva en la pérdida de peso, pero que representa un gran peligro para los obesos que lo son por comer compulsivamente. Se puede engordar si se hace trampa. Más claro: Requiere de pacientes con voluntad para el cambio, de otra manera el esfuerzo es inútil. Con la banda elástica, si alguien quiere tomarse un galón de helado, lo puede hacer, sin que pase nada, excepto que ganará miles de calorías por digerir un alimento líquido, que en cualquier dieta para perder peso, simplemente está prohibido. Ese podría ser uno de los inconvenientes que no suceden con el by–pass gástrico donde el azúcar provoca un vómito incontrolable.

En general, salvo casos excepcionales, todo resulta bien. Yo sólo conozco de cerca historias de transformaciones increíbles como la de Vanessa Melo, la hija de mi comadre Josefina Melo, quien se hizo la cirugía a pesar del temor de su familia. Casi de inmediato, y siguiendo cuidadosamente las instrucciones médicas, Vanesa comenzó a ser otra, y hoy, cuando la veo, por momentos creo estar frente a una persona diferente de la que conocí durante años. Hoy es flaca y bonita, como ella siempre quiso ser.

Soy optimista porque creo en los cambios siempre que la

persona esté dispuesta a realizarlos. Por tanto, este capítulo, el de los ex gorditos y ex gorditas es uno donde los resultados son la prueba innegable de que querer es poder...Y que cada día el ser humano tiene la oportunidad de hacer las cosas bien y de volver a empezar.

Finalmente, entre aquellos valientes que dejaron atrás el difícil mundo de los obesos está Gloria Hincapié, la reina de los masajes reductores en Miami. Gloria, que debido a un desajuste hormonal acumulaba tejido en el abdomen y quien durante años sufrió el estigma del sobrepeso a causa de su voluminoso vientre, en el 2005 se sometió a una reconstrucción del abdomen o abdominoplastia y su vida cambió por completo.

"Es una cirugía difícil, dolorosa, pero en mi caso necesaria. Por mi trabajo en los masajes no había situación más difícil y dolorosa que enfrentarme a las miradas de las clientas que sin palabras decían: '¿Cómo es posible que esta mujer tan gorda venda masajes de reducción, por qué no comienza con ella?' Sin embargo, yo hacía oídos sordos y salía para adelante porque sabía que en algún momento esta situación tendría un final. Cuando salí de la cirugía y desperté fue como una gran liberación. Me liberé materialmente de lo que me pesaba en el alma y en el cuerpo. Reconstruirme el abdomen me ha liberado de la gran maleta que llevaba incorporada a mi vida con veinticinco libras que hoy no existen y que produjeron un gran cambio en mí. Es increíble poder ir a un almacén y poder vestir ropa que sólo veía en las vitrinas o que usaba gente flaca. Yo las añoraba, pero pensaba que nunca me las podría poner. Otra cosa importante con mi cuerpo es que recuperé movimientos tan básicos como la postura de mis piernas, poder cruzarlas, hacer deporte, algo imposible con mi figura anterior. Ángel, mi esposo, dice que está feliz porque tiene en mí otra esposa, igual de buena que la de antes. Él fue el primero en ir a comprarme ropa interior sexy. Eso es lo bonito. Ahora viene lo demás. La cirugía es un proceso doloroso, nada fácil, pero del que uno sale paulatinamente y no rápido. Así caminé la senda, de gorda a menos gorda, hasta arribar a la etapa largamente esperada. Al final le he dado la bienvenida a la nueva Gloria, impresionantemente a la otra Gloria Hincapié que hoy soy yo."

Faltaba Yo

Ya que estamos en medio de confesiones y sorpresas, qué caray, yo, la autora, también tengo algo que confesar: Decidí ser ex panzoncita. Es decir, decidí que con cirugía reconstructiva era hora de que mi cuerpo dijera adiós a la parte que menos me gustaba: mi abdomen. Lucía flácido y con los años cada día más y más. Probablemente el problema empezó con mi primer embarazo hace más de treinta años, o quizá no fue entonces sino hasta el segundo, hace más de veinte. Lo cierto es que, cansada de fajas que me hacían lucir como una col o repollo, decidí enfrentar al bisturí que me haría una abdominoplastia y al que le tenía mucho miedo, y en junio del 2005, me operé. Al igual que Gloria Hincapié, el procedimiento fue doloroso y la recuperación lenta, pero como no hay mal que dure cien años ni enfermo que lo soporte, poco a poco comencé a mejorar. Por primera vez en muchos años sé lo que es usar ropa sin tener una armadura abajo para que la grasa no se me salga por los lados como si fuera un chorizo mal empacado...Y también me liberé. Finalmente la lógica es sencilla. En esta vida lo que vale la pena nadie lo regala. Lo que es verdaderamente valioso, cuesta. Cuesta dinero, cuesta sufrimiento, cuesta dolor, pero al final, el balance es a favor de usted mismo.

¡Buena suerte!

❦ ❦ ❦

Para Tener en Cuenta

La mayoría de los seguros médicos pagan el procedimiento basados en que ahorran más de esa manera que cubriendo el costo de las enfermedades que surgen a causa del sobrepeso.

Escoja cuidadosamente al cirujano. Debe ser un gastroenterólogo o un médico especializado en la cirugía bariátrica. En el caso de la banda elástica tendrá que ser un experto en cirugía laparoscópica.

Investigue el procedimiento que mejor funcione de acuerdo a sus necesidades. O by-pass gástrico o la banda elástica.

Al realizarse el procedimiento, de inmediato desaparecen los problemas de colesterol, presión arterial alta, apnea del sueño y se mejoran los dolores en los huesos y los músculos debido al sobrepeso.

Hable con su médico sobre el procedimiento y los problemas que pueden presentarse, así como las molestias, dolores y lo que sucede después de la cirugía.

Por ningún motivo evite los tratamientos psicológicos previos ni las pláticas que son parte del programa de preparación para la cirugía de reducción de estómago.

Tenga en mente que durante tres semanas por lo menos, requerirá de ayuda (en el caso del bypass) para realizar tareas pesadas.

Cuando después de los procedimientos, al ver que debe comer poco se pregunte: ¿Qué hice? Vaya a un espejo. Mírese y comience a experimentar su cambio que será más grande cada día que pase.

"La Dieta de Guadalupe" ladietadeguadalupe @hotmail.com 786-486-58429

Masajes de Gloria Hincapié www.gloriahinca pie.com 305-856-9937

16

Ex Novios, Ex Novias

A todas estas...¿A qué edad se comienza a tener un ex? La respuesta es: ¡A cualquiera! Tan pronto como en el kinder el niño o la niña se enamoran del compañerito o la compañerita de clase. Ahí comienza todo y yo no fui la excepción. Recuerdo por lo fugaz y alabastrino al primer ex de mi vida. Tampoco fue en el kinder sino un poquitín más tarde. Se llamaba Ricardito y ambos tendríamos unos ocho años. Él cursaba el segundo año de la escuela elemental, era mi vecinito y el autor de mis desvelos. Nos veíamos todas las tardes cuando yo pasaba por su casa camino a mi clase de piano, y una vez su valentía fue tal, que me pidió que lo dejara acompañarme para ayudarme a cargar mis libros. Por supuesto que le dije que sí, y el tempranero "Romeo" comenzó a hacer más frecuentes sus apariciones: Ya éramos novios. Nada pudo haber roto tan idílico suceso, si no fuera porque olvidé decir que el trayecto no lo hacía sola. Esas dos cuadras las recorría acompañada de Raquel, mi hermana menor, y quien al saber aquel secreto, se convirtió en mi verdugo. Cuando la molestaba por cualquier cosa, enseguida me amenazaba con acusarme con mi mamá y mi abuelita de "tener novio," lo que me hubiera costado por lo menos unas buenas nalgadas. Así me tuvo chantajeada para que le prestara mis muñecas y mi bicicleta, hasta que el furtivo enamoramiento infantil, terminó tan pronto como comenzó y con el tiempo Ricardito se convirtió en un recuerdo... y por supuesto, sin que yo lo supiera... en mi primer ex.

Ojalá y las cosas hubieran sido tan sencillas y no hubiera tenido que encontrarme con algunos personajes dignos de telenovela con los que me enfrenté posteriormente. Toda esta palabrería es para hacer ver que la primera categoría de ex que nos persigue en la vida son los ex novios y las ex novias. Conforme pasan los años repasamos a todos dependiendo la suerte: buenos, malos, cariñosos, mujeriegos, mentirosos, falsos y "ratas de dos patas," como diría la cantante mexicana Paquita la del Barrio. Sin embargo, con cada circunstancia las heridas van calando hondo. ¿Quién sufre más la partida de un ex? Por supuesto que en la mayoría de las ocasiones es la mujer, afirma la conocida psicóloga Miamense Rebeca Fernández.

"Nosotras tendemos a pensar en las cosas buenas que pasaron en las relaciones y no en las cosas malas que hizo el hombre. Él se enfoca más en las cosas negativas que pasaron en la relación, por lo tanto concluye: 'esta no me conviene y ya.' Es una mente más lógica y más radical en sus decisiones y no mira hacia atrás. La mujer es más emocional y casi siempre está pensando en los sentimientos."

"La mujer sabe todo por intuición," me confía Lourdes Torres, una excelente productora de televisión con quien he tenido la oportunidad de trabajar a lo largo de los años, y quien generosa, comparte su experiencia.

"Nosotras siempre sabemos lo que pasa aunque lo callemos. Siempre tenemos la vocecita interior que nos hace la advertencia, pero el problema es que no escuchamos porque en realidad nos rigen las emociones. Lo que sucede es que a nosotras nos toca la peor parte de una relación. Especialmente para una mujer las cosas son diferentes cuando entras en los cuarenta años y todavía no has tenido hijos y estas esperanzada en que la relación que tienes será la que has esperado para formar tu familia. También se siente miedo cuando hay una ruptura amorosa a esa edad, porque el manejo de la situación es mucho mas complicado para la mujer que para el hombre."

Lourdes, que tiene una gran capacidad de síntesis y una agudeza muy especial en su trabajo, al igual que miles de mujeres independientes, por el hecho de trabajar en donde todo es perfecto, sincronizado y lógico, sin embargo, no escapó al dolor de una pérdida amorosa que presentía.

"En mi caso hubo señales de que algo no marchaba del todo bien un año antes, pero digamos que fue mi deseo de hacer funcionar aquello y de mantener el sueño de poder tener una familia, lo que no me permitió ver la realidad más objetivamente. Pero la gran sorpresa llego un día, y en cuestión de tres semanas... todo había acabado. Aunque en esto intervino un factor con el que no conté. Las cosas terminaron súbitamente porque él no fue honesto con sus sentimientos y estaba teniendo una relación con otra mujer y me engañó. En cuestión de un mes de haberse ido, ya estaba viviendo en una casa nueva con la nueva mujer. Algo que seguramente se veía venir, pero que no tuve capacidad de ver."

"¿Cómo me recuperé? Llorando. Llorando mucho. Yo creo que algo así siempre es un proceso y mientras más entiendes la vida como un proceso, es más fácil sobrevivir las pérdidas sentimentales como esas. Yo lo que traté fue de dejar de pensar en él y salirme de la mentalidad de víctima y mirar lo positivo y tratar de aprender y crecer de la experiencia. En la medida que pude hacer eso fue que me pude ir recuperando. Al final, siempre estuvo el racionamiento de que lo bueno y lo malo tienen siempre un principio y un fin."

La Dra. Fernández quien en su oficina cada día atiende más pacientes que requieren ayuda para sobrevivir a una pérdida, explica más.

"Sufrimos ante lo que irremediablemente no sirve porque ponemos el corazón, dejamos que la inteligencia emocional nos dirija, en vez de que lo haga la inteligencia cognoscitiva, es decir que razonáramos más. El ejemplo es muy sencillo. Nosotras vamos a las tiendas, revisamos una cosa, la comparamos diez mil veces, la compramos. Cuando llegamos a la casa nos damos cuenta de que no es el color que queríamos, vamos y lo devolvemos. El hombre en su gran mayoría, nunca haría eso. Ellos van, compran lo que necesitan y no miran más nada. Eso es producto de una mente matemática, más lógica, más radical. Siempre hay sus excepciones, pero ellos siguen pensando más con la cabeza, mientras la mujer piensa más con el corazón."

¿A Quién le es Más Difícil Romper?

De acuerdo a la psicología, asegura Rebeca Fernández, para evitar el dolor de una ruptura la mujer tendría que aprender a pensar con la parte lógica que el hombre emplea ante el fin de una relación.

"Además, tenemos que reflexionar profundamente cuando la pareja no sirve, haciendo una lista de cosas por la cual la relación se acabó y concentrarnos en eso. Lo que generalmente sucede es que las mujeres tendemos a fantasear con la parte bonita de lo que vivimos con el novio o la pareja, en vez de recapacitar y decir: 'Un momento, ¿por qué este hombre no me conviene?' Por su parte, el hombre, que en muchos casos tiene la autoestima más alta, rompe una relación por las cosas que no le gustan de la mujer, y ¡ya! Se acabó. Nosotras no. Estudiamos más la situación y somos más indecisas en las relaciones. Por eso mismo no podemos dejarlos tan fácilmente porque estamos enfocadas en la parte emocional. A pesar de los problemas volvemos la página y pensamos, quizá puede cambiar, y ¿si cambiara? ¿Qué haré? Creemos que podemos cambiar a la persona que amamos pero no es así.

Las Nuevas Reglas de los Ex

Una amiga, madre de varones, se quejaba de que sus hijos al terminar con las novias seguían conservándolas como "amigas" en una situación que para ella era incomprensible. "Antes," me decía asombrada, "una pareja cortaba y se acabó, ya no había nada más, dejaban de verse, de hablarse, pero en el siglo XXI no. Es más, los ex se han acostumbrado a ser parte de una especie de 'rebaño' que sigue al 'independiente pastor' en muchas de sus correrías." Eso, de acuerdo a los expertos en psicología, se debe a que entre esas parejas no hubo mentiras de por medio que terminaran separándolos.

Lourdes Torres tiene la explicación práctica: "Yo he tenido otros exs y he podido seguir una amistad con ellos porque hubo honestidad. Con la relación que he descrito en este capítulo eso no fue posible porque hubo mentira y hubo engaño de por medio. No es una persona honesta de la cual yo desearía ser amiga. Ser honesto es lo más importante y lo más difícil de lograr porque en general la actitud es apuntar a los demás para culparlos de los errores cometidos que no se quisieron aceptar."

En abril del 2005, durante la larga cobertura de la elección del Papa Benedicto XVI, Lourdes y yo, desde lo alto de las Columnatas de Bernini que circundan la Plaza de San Pedro, donde nos encontrábamos transmitiendo, tuvimos tiempo de sobra para platicar de lo que ella espera de una pareja.

"De los exs he aprendido que no estoy dispuesta a comprometer ni mis valores ni mi forma de ser por una relación. Si yo puedo tener una persona que pueda apreciar eso, entonces todo va a funcionar mejor porque yo sé que quiero tener en una relación. También es ver las cosas a largo plazo. Con los años, la etapa del enamoramiento se atenúa con una visión de largo plazo donde hay otros elementos como amistad, compenetración y respeto entre uno y el otro. Siendo una mujer independiente no necesito un hombre para pagarme la renta, ni nada parecido. Lo que necesito es alguien que me pueda complementar, alguien que me pueda apoyar, alguien a quien yo pueda apoyar y que sea un camino de dos vías hasta el final."

¿Qué más? Que para todos los que están buscando lo mismo, así sea.

❧❧❧ ❧❧❧ ❧❧❧

Para Recordar

En una relación sentimental, el hombre se muestra más racional y la mujer más emotiva, por tanto, quien a menudo sufre más es la mujer.

El hombre se enfoca más en las cosas negativas que pasaron en la relación que ha terminado, por lo tanto concluye, ésta no me conviene y ya. Tiene un razonamiento más lógico y más radical en sus decisiones y no mira hacia atrás.

Que al terminar una relación ambos permanezcan como amigos depende de que no hayan habido mentiras ni infidelidad de por medio.

La mayoría de las mujeres siempre saben que pasa en una relación… lo que sucede es que calla. Siempre tenemos la vocecita interior que nos hace la advertencia, pero el problema es que no la escuchamos.

Hay que analizar el porqué de la separación.

Haga una lista de las cosas por las que la relación se acabó. Concéntrese en eso. No recuerde sólo lo bonito sino también lo que la lastimó.

A diferencia de la actitud del hombre ante la ruptura, la mujer se empeña en hacer cambiar a la pareja, aun a sabiendas que eso no sucederá así.

Finalmente recuerde que los ex comienzan a poblar la vida de una persona tan temprano como en el mismo Kinder.

17

❧

Ex a Cualquier Edad

Si los ex comienzan a tan tierna edad, eso significa que duran tanto, como los años de vida del que los hizo suyos. Ignoraba que existiera esta categoría hasta que un día, en esas largas esperas mientras nos dan una entrevista, el equipo con el que estaba trabajando, decidió matar el aburrimiento haciéndose confesiones. La de uno de ellos fue tan intensa y cargada de tanta tristeza, que motivó este capítulo dedicado a esos personajes escondidos por los años: los que se convierten en ex cuando ya nadie lo espera. El hombre hablaba de la reciente separación de sus padres ocurrida cuando ambos ya eran abuelos...

"En Cuba, mis padres fueron novios desde jovencitos y se casaron muy jóvenes. Tabajaron duro, nacimos mi hermana y yo y nos dieron todo lo que pudieron hasta que nos marchamos juntos al exilio en Miami, tal y como lo hicieron miles huyendo del comunismo. En Miami volvieron a comenzar desde cero y crearon un negocio de bienes raíces, viendo finalmente su esfuerzo coronado: tenían dinero, buena casa, habían casado a sus hijos y se dedicaban a viajar... Hasta el momento en que mi papá cometió el error garrafal de enamorarse de una muchacha joven que comenzó a rondarlo, y por supuesto, con aquella relación vino la ruptura del matrimonio de tantos años. Palabras más, palabras menos, mi padre abandonó a mi madre, o más bien, la cambió por una mujer mucho menor que mi hermana, y eso trajo a la familia toda una serie de sufrimientos, que terminaron con el cariño y el respeto con el que veíamos al hombre que había construido nuestra familia..."

La confesión aquella nos dejó sorprendidos y apenados por la madre de nuestro compañero, y de inmediato provocó una reflexión: ¿se trataba de algo fuera de lo normal? ¿Acaso una conducta como no hay otra? En ambas preguntas la respuesta fue: No. De ninguna manera. ¡Por supuesto que no! Por el contrario, es un fenómeno que cada día se ve más y más, especialmente con el auge de medicinas e implementos que mejoran la vida sexual masculina. No es ningún secreto, que luego de la cirugía para implantar un pene artificial, una de las armas para combatir la impotencia sexual masculina, la conducta del hombre cambia notablemente. Berta, una madre y abuela de setenta años de edad, que prefiere el anonimato y a quien conozco de cerca, había vivido cincuenta años de matrimonio junto a su marido. Ambos son abuelos y casi bisabuelos, y de acuerdo a Berta, su marido es un ejemplo de este tipo de conducta sorpresiva.

"Con los años, como es natural, en mi esposo y en mí había decaído nuestra actividad sexual y yo no creía que esto fuera malo, por el contrario, era parte de la vida. Si bien no estábamos juntos en la cama como cuando éramos jóvenes, habían otras cosas de por medio que nos unían de igual manera como eran los hijos y los nietos, por lo menos eso creía yo. Sin embargo, poco a poco él comenzó a sacarme a relucir el tema de la impotencia por la edad y la frecuencia para tener relaciones. Primero llegó con la famosa 'pastilla azul' y la probamos. El problema es que por poco se muere, ya que tiene problemas en el corazón y le sobrevino una taquicardia. Tiempo después, un buen día comenzó a hablar de las operaciones de implante en el pene conocidas como 'la bombita' y de lo importante que sería para él poder hacerse un procedimiento de esos. Me explicó que eso daría nueva vida a nuestra relación y que quería que yo lo apoyara y acompañara a las consultas. Así lo hice. Fuimos juntos a un urólogo y éste le proporcionó todos los detalles del procedimiento. También le recomendó asistir a sesiones con un psicólogo, en fin, que sería algo completo, física y mentalmente."

Brincando Trámites

Berta, mi amiga, sigue explicando lo que sucedió: "Después de la visita al urólogo, yo imaginé que mi marido iría al psicólogo y seguiría todos los pasos que requería el famoso implante de la bombita para mejorar nuestra vida sexual. Pero imaginé mal, porque al psicólogo simplemente no fue. '¿Para que voy a ir, si yo estoy bien?' Recuerdo que me dijo entonces, y simplemente brincó el trámite. Para mi sorpresa, pocos días después, me anunció que tenía fecha para la cirugía y que quería que por supuesto, yo estuviera ahí. Así lo hice y creo que fue la última ocasión que como pareja hicimos algo juntos. El procedimiento salió tal y como el médico pronosticó, es decir, sin ningún problema. La recuperación tomó alrededor de tres o cuatro semanas...Y después comenzó mi calvario:

Probar su nuevo juguete. Él quería tener sexo a toda hora, como si fuera un muchachito, y la duración era eterna, no la que correspondía a unas personas de nuestra edad. Yo me agotaba y no podía seguirle el ritmo. Al mismo tiempo ocurría algo que él parecía ignorar: que yo no era una muchachita, ni ligeramente una mujer madura. Yo era una persona al igual que él, que había llegado a la tercera edad, que mi cuerpo era físicamente el que correspondía a mi edad, el de una persona mayor, y me daba la impresión de que él quería verme como cuando éramos jóvenes y se sentía frustrado de que eso no fuera así. Si al principio esa situación me preocupó, con los días las cosas fueron peor. Constantemente me recriminaba que 'no lo atendía como él necesitaba' y el sexo a cada momento se convirtió en su obsesión, al grado de que constantemente me amenazaba con salir a buscar lo que no tenía en casa."

De acuerdo a los expertos, y a médicos urólogos que he entrevistado al hacer reportajes sobre el tema, lo que Berta estaba viviendo era parte del desconocimiento sobre las funciones sexuales que tienen diferente significado y que cobran mayor importancia luego de un procedimiento para eliminar la impotencia sexual masculina: erección, eyaculación y orgasmo. Con un implante en el pene, tener erección a cualquier hora no es problema. Es algo tan sencillo como aplicar la técnica de inflar el implante y estar listo para el acto sexual. El problema radica en que tener erección no significa que, al mismo tiempo se pueda eyacular y tener orgasmos. La psicóloga Rebeca Fernández amplía sobre las otras reacciones masculinas desconocidas: "Una gran mayoría de los hombres que se han sometido a este tipo de procedimientos, recuperan una autoestima perdida, se sienten viriles, y simplemente, vuelvo a repetir, una gran mayoría, no todos, comienzan a pensar y razonar no con el cerebro sino con el sexo. Haría falta la terapia, pero el hombre es más difícil que la mujer para ir a psicoterapia, y ¿qué sucede? Que viven el espejismo de la juventud recuperada hasta que les dure."

"Exactamente ese era el problema." Dice mi amiga Berta, quien continúa con la narración: "Lo que sucede es que mi marido, en su prisa por hacerse la cirugía, y ahora sé que también presionado por los amigos de su misma edad que se la habían hecho, obvió el proceso de la ayuda psicológica que le hubiera dado otra perspectiva de lo que viviría al tener el implante en el pene, pero no sucedió así. Entonces, él se sentía viril, aunque no tuviera ni orgasmo ni eyaculación y le bastaba con tener una erección cada vez que se le ocurriera para obligarme a ir con él a la recámara... Y eso terminó con un matrimonio de medio siglo. Yo me negaba a ser parte de aquello que se me hacía grotesco. Poco a poco comenzó a llegar tarde a casa. Poco a poco comenzó a mentirme, a inventar citas y compromisos que antes no existían, hasta que finalmente me di cuenta que sus ausencias se debían a que... me estaba siendo infiel con otra mujer. Cuando lo confronté, la situación fue terrible y no lo negó. Estaba decidido a todo. Lo primero que hizo fue recriminarme por mi falta de apetito sexual. 'Me descuidaste y hubo otra que quiso tomar lo que tú dejaste, y estoy con ella que sí me quiere a cada momento que a mí se me antoje. Estas gorda, te has hecho vieja y no te has dado cuenta. Si esto que tengo ahora me dura un año o diez, está bien. Me la juego porque vale la pena.'"

Acota la psicóloga Fernández: "Esa es la clásica respuesta de un hombre que está en el otoño de la vida. Es como si dijera: 'Déjame aprovechar esta última oportunidad de ser feliz sin importar si tú lo eres o te hago daño.'"

Un Ex Otoñal

Para Berta, la madre y abuela humillada, enfrentar toda aquella situación fue una gran pesadilla: "Nada más de recordar aquel discurso infame que me repetía a diario sin piedad sin contar nada más que su obsesión por el sexo, vuelvo a los meses que pasé en completa depresión indignada por lo que mi marido me hizo, hasta que finalmente decidí a dar el paso que él me había sugerido: divor-ciar-nos. ¡Mis hijos no podían entender lo que estaba sucediendo! ¿Me había vuelto loca y por eso estaba dejando al esposo que tuve durante cincuenta años? ¿Qué iba a ser de la familia que se reunía alrededor del abuelo y la abuela? ¿Cómo íbamos a llevar la vida de ahora en adelante? ¿Cómo explicarles que la familia simplemente ya no sería con él y conmigo juntos? Hacer que ellos entiendan ha sido uno de los asuntos más dolorosos. A los setenta años de pronto, yo, la madre y la abuela perfecta estaba frente a ellos para darles la noticia que nunca esperaron oír de mis labios: el abuelo tiene otra mujer y me ha pedido el divorcio para poder estar con ella. Así tuve que hacerlo y fue el acabóse. Mis hijos reaccionaron estupefactos, adoloridos e indignados, pero también quedó claro mi argumento principal: No conocía al hombre que resurgió después del implante de la famosa bombita. Ese no fue con el que estuve cincuenta años casada, así que si él quería su libertad para disfrutar de su 'nuevo tesoro' ¡pues se la daba! Y se la di."

Una Nueva Vida

Han pasado tres años del divorcio y Berta se encuentra disfrutando por primera vez de una vida que no conoció: "Soy libre de hacer lo que quiero, disfruto de mis hijos, de mis nietos y pronto seré bisabuela. No hay nadie que me trate mal por tener años encima, no hay nadie que me grite y que esté de mal genio todo el día, no hay nadie que me exija en la cama como si fuera una jovencita. Yo imaginé que junto a mi marido viviría el resto de mi vida y que nada ni nadie nos podrían separar. ¡Que gran error! Crecí en la época en la que una mujer se casaba para siempre y lo que nos separó surgió precisamente cuando ya nadie lo imaginaba porque 'las tentaciones' eran cosa del pasado. Ahora sólo me arrepiento que todo haya sucedido tan tarde porque no puedo recuperar mucho del tiempo perdido. Pero ha valido la pena por la extraordinaria familia que, gracias a él, se dedican tanto a mí. Aunque mis hijos siguen en contacto con su padre, sin lugar a dudas, la relación maravillosa que tuvieron hasta antes del implante de la bombita y de la nueva mujer, se acabó. Ah, y de él ¿qué ha sido? Un desastre de vida. Aparentemente su joven esposa a cambio de la 'intensa vida íntima' que tienen, le ha dado todo tipo de dolores de cabeza. Viven una relación tormentosa donde se separan y vuelven a cada rato, y donde el actúa ¡como si tuviera treinta años de edad y no setenta y tres! Ella quiere tener hijos, y le pone como ejemplo al padre del cantante Julio Iglesias que tuvo uno a los ochenta años con una joven de treinta. ¡Qué va! Una noche, en medio de un pleito con la mujer, me llamó para hacerme partícipe de su desventura y para que supiera que yo seguía siendo la mujer de su vida. Colgué el teléfono, asqueada. ¿Para qué hablar más?

Aunque no lo diga, él sabe cual va a ser su final junto a esa mujer, menor que él más de cuarenta años. Un buen día terminará dejándolo, y entonces se dará cuenta de que no tiene nada, ni siquiera a sus hijos que no entienden su conducta. Por mi parte está claro que no estoy interesada en recogerlo en el caso de que se quede solo. Cada quien que se rasque con sus propias uñas como hice yo en medio del dolor, y a él no le importó. Así que cada quien tiene lo que busca."

Excepción de la Regla

Ante este, el más común de los casos, la psicóloga Rebeca Fernández hace una aclaración: "Como todos los problemas este tiene sus excepciones, como por ejemplo los hombres que por cuestiones médicas tienen que someterse a una operación de implante de pene o tienen que tomar medicamentos contra la impotencia sexual. Entre ellos están los que han sufrido cáncer de próstata, o quienes padecen de hipertensión y que por lo tanto también padecen de impotencia. Esos hombres que no tienen la menor intención de cambiar su vida y sólo la imaginan junto a su mujer de toda la vida, buscan una solución a este nuevo procedimiento en pareja. El problema de un matrimonio surge y vuelvo a recalcarlo, cuando una decisión tan trascendental no se hace en pareja. Es muy importante hacer notar que la mayoría de las situaciones como éstas se ven más frecuentemente en parejas con cuarenta o cincuenta años de casados que no se preparan debidamente para enfrentar la vida después del procedimiento."

Hasta aquí las acotaciones de la experta. Berta retoma la palabra para dar su conclusión.

Para Que No Pase Más

"Cuando María Antonieta me contó sobre este capítulo, de inmediato pensé en la responsabilidad de dar mi testimonio. No hago público mi nombre porque no quiero lesionar a los míos que ya bastante han sufrido en silencio el problema, además mi nombre es irrelevante. Conté mi historia porque es importante que muchas mujeres sepan lo que está sucediendo que nadie habla. Yo lo hago para que no les tome por sorpresa el llegar a convertirse en ex de un Don Juan Otoñal tal y como a mí me sucedió. ¿Me arrepiento de algo? ¡Sí, por supuesto! De que nadie me haya prevenido que tener un ex es algo que ocurre a cualquier edad. Por eso es que, de acuerdo a mi experiencia, y a la de otras mujeres que han vivido lo mismo que yo, es que escribo las siguientes recomendaciones."

〰️ 〰️ 〰️

Para Tener en Cuenta

Estar conciente de que el esposo o compañero ha comenzado a utilizar la pastilla contra la impotencia sexual.

Identifique los problemas que se originan cuando no puede responder sexualmente a los deseos de su pareja (agresividad, amenazas de abandono, violencia).

Recuerde que para los hombres que han sufrido la disminución de sus funciones sexuales a causa de enfermedades como el cáncer, la presión arterial, la diabetes, buscar información no es nada anormal. Por el contrario, habla del interés de mejorar la vida íntima con su pareja.

Si el caso no es por enfermedad, entonces no ignore las intenciones de su hombre de investigar sobre implantes de pene que le devolverían la virilidad que tuvo cuando era joven. Especialmente tener cuidado cuando sin problema médico alguno, él decida "recuperar" lo que ha perdido con los años.

Pregunte por qué le ha surgido de pronto la inquietud, que le dé las razones que lo motivan para tomar el paso, etc.

Si él ha decidido someterse a cualquier procedimiento que involucre la calidad de vida sexual de ambos, dígale que los expertos recomiendan que la pareja tome en conjunto tales decisiones como lo han hecho a lo largo de su matrimonio o relación.

Haga hincapié en que el médico que va a practicar la cirugía explique la diferencia entre eyaculación, impotencia y orgasmo, y que tener una cosa no significa tenerlas todas en el momento de una erección.

Estar pendiente de las señales de infidelidad debido a la actitud del esposo.

Busque ayuda profesional. Hable. Hable mucho antes de que se arrepienta de no haberlo hecho a tiempo.

Berta hace una advertencia más:

"Finalmente quiero terminar con la historia de otra 'esposa-madre-abuela' abandonada luego de más de medio siglo de matrimonio. Ella nunca sospechó que su esposo había comenzado a tomar a escondidas la pastilla contra la impotencia, y por tanto no entendía el cambio sexual del marido. Al ver que ella no le satisfacía en la cama, el esposo simplemente se enamoró de una joven vecina, a quien ambos veían como parte de la familia. Finalmente mi amiga se quedó sin vecina y sin marido. Pero un tiempo después, el hombre también fue abandonado por la joven mujer. Todo terminó con el hombre sin la esposa y sin la amante, y por supuesto, sin los hijos que nunca le perdonaron que a causa del sexo, los haya llevado a todos a formar parte de las largas filas de ex que lo son a cualquier edad."

18

Cambiando de Sexo... Cuando se es un Ex de Género

En ninguno de mis libros, a la hora de tocar temas que implican tanto a hombres como a mujeres he ignorado la categoría que comprende a ese gran número de seres humanos que forman la comunidad gay, lesbiana, transexual y transgénero. En medio de todos ellos surgen emotivas historias de ex que tienen un significado difícil de ignorar. Una de esas clasificaciones digna de un capítulo fue la que encontré un día viendo la televisión. En la pantalla aparecía un personaje familiar en los Estados Unidos: Cachita, el personaje cómico del programa *El Gordo y La Flaca* y a quien diariamente da vida Alina María Hernández, una cubana de veintiséis años, que nació siendo un cubano que se llamaba Alberto Hernández. En algún momento de nuestras vidas fuimos compañeras de trabajo. Y digo compañeras, y no compañero porque quien trata a Cachita, de inmediato se da cuenta de su femineidad (tanto o más que la mía), su delicadeza y sobre todo el gran respeto que inspira. Al conocer más sobre su vida, me di cuenta de que ella formaba parte de un mundo silente dentro de la comunidad homosexual: la de los transexuales.

Así define su vida Cachita: "El respeto se gana respetando y yo siempre me he respetado a mí misma desde el día en que nací. Así deben de ser las cosas. Siempre he valorado el reconocer lo que es uno y ser honesto desde el momento en que te sientes niña o niño y comienzas a pensar en lo que te está sucediendo. Así pasó conmigo. Yo siempre supe que era alguien más en la vida: sabía que era una niña atrapada en el cuerpo de un niño y así crecí, no siendo gay, sino siendo niña. Sin embargo, por las limitaciones que existen en Cuba mi vida transcurrió en medio de la represión, pero tenía mi fuerza de voluntad para luchar. No sabía como podría hacer el cambio, pero desde el primer momento en que decidí ser abiertamente mujer comencé a vestir así día, tarde y noche, y aunque no tenía senos, no me importaba. Años después, en 1993 cuando salí de Cuba hacia los Estados Unidos me di cuenta que hacer el cambio sería más factible por todas las oportunidades médicas que habían."

Reafirmando el Sexo

"En realidad la solución era someterme a la operación que me transformaría y que equivocadamente la gente piensa que es un asunto de cambiar de sexo, no. Eso es incorrecto, y comienzo desde el principio con las definiciones erróneas. El transexual, como era mi caso, es la persona que nace con un sexo equivocado, es decir, una mujer en el cuerpo de un hombre. Por eso es que la operación que comúnmente la gente conoce como 'cambio de sexo' no existe como tal. Lo que hacen los especialistas es reafirmar el sexo con el que naciste, no anatómicamente, sino mentalmente, y mediante la cirugía transformar tu cuerpo. Por estas razones la operación se llama correctamente Reafirmación de Sexo."

Un Transexual no es un Homosexual

Cachita aclara más: "A nivel médico los transexuales no están considerados como homosexuales por una sencilla razón: La definición de homosexual es, un hombre al que le gustan los hombres que a su vez gustan de tener relaciones con hombres. El transexual no es así. Vuelvo y repito: El transexual es la persona que nace con un sexo equivocado, por tanto uno como mujer aspira a tener un hombre al lado, y para eso su cuerpo debe transformarse en femenino."

Por ello Cachita vivió un largo proceso de transformación.

Un Camino Difícil y Complicado

"Recién llegada al exilio conocí a una transexual que se había operado y que había quedado muy bien y ahí me nació la confianza de que si buscaba a la persona adecuada, yo también quedaría muy bien. Después conocí a otra amiga a quien la habían operado en México, y me fui a ver a su médico, un profesional que me planteó todos los requisitos. Primero habría que tomar la decisión de la reafirmación sexual, como eso no era problema para mí, le hice saber que yo tenía muy claro lo que yo era. Yo era una mujer atrapada en un cuerpo de hombre y por tanto mi decisión estaba tomada. Aquel hombre, un especialista en urología, me advirtió que el proceso de preparación sería largo y complicado, de dos a cuatro años en tratamiento de hormonas para que el cuerpo se adaptara al cambio. Pero eso era sólo la parte física: faltaba la emocional. El médico me advirtió que él no realizaba ninguna reafirmación sexual sin un tratamiento psicológico adecuado, que fuera adaptando a la persona al cambio. Y así lo hice, entendiendo que una cosa es la situación hormonal y otra la mental."

El Gran Día

Finalmente, luego de años de preparación y sin una sombra de duda, en 1997 Cachita marchó a Guadalajara, México, donde finalmente le fue practicada la cirugía que anatómicamente convirtió a Alberto Hernández en Alina María Hernández.

"Desde siempre pensé en mi nombre como mujer, me encantaba, y con eso en mente y con mi decisión firme, después de haber cumplido correctamente con los pasos que el médico me había indicado durante años, fue que entré al quirófano. No había existido nunca en mí la duda, nunca me pregunté: ¿Qué hice? ¿Qué voy a hacer? Nunca. Siempre estuve segura de mi decisión tomada años atrás. Finalmente cuando todo terminó y salí de la anestesia, por supuesto que lo primero que quise hacer fue ir a un espejo y ver como había quedado, pero físicamente no fue tan fácil. No me podía levantar fácilmente de la cama porque me sentía débil, tampoco podía hablar para llamar a la enfermera porque me habían quitado 'la manzana de Adán' de mi tráquea, así que no podía gritar, en fin, que finalmente, arrastrándome, sacando fuerzas y valor me paré frente a un espejo y me vi. Fueron los momentos mas bellos de mi vida. Fue precisamente lo que esperé por años cuando sabía que yo era una niña. ¡Eso fue la vida misma hasta el día de hoy y lo será hasta el último día en que yo tenga vida!"

Lo que Debe de Ser

De acuerdo a Cachita, los pasos a seguir son claros, y ninguno de ellos debe de evitarse en el caso de la cirugía de reafirmación de sexo:

1. Tener pruebas de que el médico esté certificado como cirujano. Tener pruebas de que sea un buen urólogo. No olvidar que la operación de reafirmación de sexo debe de ser practicada por un urólogo.
2. Buscar al médico que exija cuatro años de tratamientos de terapias psicológicas. El que no lo haga no es un profesional confiable.
3. Durante el tiempo del tratamiento psicológico, el especialista se dará cuenta de la realidad del paciente. Sé que es difícil hablar de cosas tan íntimas, pero hay que hacerlo. Es la única forma de conocer si el

procedimiento es o no el indicado para la persona
que quiere hacérselo.

4. Hay muchas personas que se someten a la operación
sin sentirse mujer, sin sentirse nada, y esos son los que
pueden estar al borde de una tragedia emocional por las
dudas acerca de lo que quieren.

Lo Que No Se Debe Hacer

Cachita advierte de otro peligro más grave: "Cuando se trata de tu
futuro, del resto de tu vida, no se vale jugar. Hay que tener en
cuenta que la mente es lo más bello de todo lo que tenemos. Por
tanto, hay que escoger bien a la persona que practicará el procedimiento. Si se deciden a operarse por impulso, rápidamente, con el
primer médico que les diga que no hay necesidad de terapias psicológicas o de un tratamiendo de hormonas por largos períodos,
existe y existirá el gran riesgo de que después de todo, la persona se
dé cuenta de que finalmente no es lo que quería... y entonces ya no
hay marcha atrás. Eso sí es terrible. Por tanto, hay que hablar, investigar y no actuar impulsivamente."

La Otra Cara de la Moneda

La psicóloga Rebeca Fernández amplía sobre ese momento crucial
de la decisión: "De todo el proceso, el punto fundamental radica
en conocer muy bien lo que sucede en el tiempo de la transición
hasta la operación. En mi vida profesional me he encontrado con

casos terriblemente tristes por la falta de información adecuada. Un paciente llegó a verme cuando ya le estaban dando hormonas. Comenzó a tener senos, a tomar formas femeninas y llegó al punto en que en su oficina, como él no había dicho nada por miedo a la crítica, pues no entendían los cambios en su apariencia y sus compañeros no sabían si era hombre o mujer. Sucedió que al final, luego de vivir un verdadero infierno en el trabajo y de estar aguantando porque necesitaba el empleo, de cualquier forma lo despidieron. Las cosas fueron peor, porque con aquella tortura psicológica, él ya no sabía en verdad que había hecho. Se había sometido a todo el proceso de cambio hormonal sin haber tenido una conciencia real del tratamiento y sin que nadie además le advirtiera sobre los otros efectos de las hormonas. Y las cosas son mucho peor cuando se realizan la operación final sin una información adecuada. Ahí sí que ya no hay marcha atrás."

"No se practiquen la reafirmación de sexo," aconseja Cachita, "porque un hombre se lo pida o porque la sociedad los presione. La única forma de hacerlo bien, es operándose pero con convicción personal y recordando lo que sintieron desde que tuvieron uso de razón. ¿Eran niñas en cuerpo de niños? Si la respuesta es sí, entonces sólo es asunto de decidir."

Quien Soy Hoy

Ocho años después del paso decisivo, que dejó atrás a Alberto Hernández, para Cachita, su vida es tal y como la planeó. Es Alina María, la mujer que como millones, está en la búsqueda del hombre de su vida.

"¿Y por qué no voy a aspirar a un hombre que me quiera sin

restricciones? Eso nunca ha estado en discusión. Nunca me acostaría con un homosexual, un hombre al que le gusten los hombres. Entonces ¿qué caso habría tenido reafirmar mi sexo? El hombre que esté conmigo tiene que respetarme como mujer, tiene que sentirme a mí como la mujer que soy, y por supuesto tiene que hacerme sentir mujer."

19

Ex de Gays y Lesbianas

Corría el verano del 2004 cuando otro reportaje que me tocó cubrir como corresponsal principal del programa *Aquí y Ahora* dio paso a este capítulo: el de los ex en parejas del mismo sexo como son los gays, las lesbianas, los transexuales y los transgénero, que en la mayoría de las ocasiones por tratarse de seres humanos con emociones parecidas por tener el mismo sexo, al surgir el rompimiento de una relación viven situaciones dramáticamente violentas. Conozco a maravillosas parejas gay, tanto de hombres como de mujeres que han convivido con más éxito y más pacíficamente durante toda una vida que como lo haría cualquier matrimonio heterosexual, pero la historia que me llevó por varias partes de los Estados Unidos era sobre una discriminación que cobraba matices dramáticos: la de hombres contra hombres y en algunos casos, porque no decirlo, la de mujeres contra mujeres que tenían el común denominador que se habían involucrados en ataques de celos y rabia que terminaron en golpizas.

En San Francisco, Los Angeles, Nueva York, o Miami, los activistas gay tenían la misma queja: "No hay autoridad a la que le interese demasiado detener la violencia entre la comunidad homosexual porque en el fondo existe la homofobia. El sentir generalizado de la policía al recibir las llamadas es: 'Si son hombres los que están peleando, que se maten, al fin que no son un matrimonio normal entre un hombre y una mujer'" ¿Y qué hacer en ese momento para evitar lo que está sucediendo y que con el tiempo ha aumentado? Únicamente alertar a la población sobre lo que pasa y de lo que nadie habla por vergüenza o por miedo.

Carlos, un amigo venezolano, pintor extraordinario y un ser humano de gran sensibilidad, que además ha sobrevivido a una relación gay explicaba: "Las luces rojas siempre están ahí. Por ejemplo, un acceso de ira inexplicado termina casi siempre en violencia porque ambos son hombres y al fin y al cabo son fuertes físicamente. Todo puede comenzar sencillamente por celos, y agravarse a pesar de que uno de los dos no esté haciendo nada malo. Ante los celos, un número telefónico que no dice nada, un saludo de otra persona, basta y sobra para comenzar una discusión."

Lo que aprendí como reportera de esa investigación sobre lo que sucede cuando termina una relación entre parejas del mismo sexo, es que, aún cuando son situaciones pasionales más intensas, todo comienza igual que en la ruptura entre un hombre y una mujer, es decir, con la inseguridad y el abuso del uno al otro. Carlos, mi amigo, el pintor que además plasma en los lienzos ciudades lejanas, con mucha generosidad, accedió a contar parte de su investigación personal sobre el problema, ahondando en lo que luego de años de análisis, le costó a él mismo lágrimas y sufrimiento.

El Porqué de Muchas Cosas

"Yo no sé si la relación entre gays es más intensa y tal vez por eso sea más pasional," dice Carlos, "lo que sí sé es que hay una fobia en el interior de cada uno de nosotros, algo a lo que yo llamo 'fobia internalizada' que quizá complica todo. Es sencillo. Cuando uno crece gay, uno no tiene modelos a seguir en una relación. ¿De quién tomarlos si en una familia no se habla de eso por miedo o por vergüenza? Entonces creces como puedes, y te metes en las relaciones que puedes, no con las que quieres, y todo porque simplemente no hay quien te diga: Esto puede ser bueno o esto no."

La Violencia Entre Parejas del Mismo Sexo

Beliza Lozano-Vranich, psicóloga experta en relaciones humanas y con una oficina en la ciudad de Nueva York, asegura que la mayoría de las situaciones de violencia doméstica de género disminuirían con educación y con leyes. "La violencia física entre las parejas gay es una situación que no recibe atención porque a pesar de todos los avances jurídicos, abiertamente no se les reconoce como parejas. El resultado es que por lo mismo, tampoco buscan ayuda profesional cuando comienzan a tener problemas porque no existen servicios específicos para ellos, o peor aún, porque están enfrentando la vergüenza por ser una pareja gay. De esta forma, hallamos a seres humanos aún más aislados por cuenta de su género, donde finalmente, sin mucho que hacer para salir adelante, prefieren con-

tinuar de la forma en que han vivido porque la sola idea de estar el
uno sin el otro causa mucho dolor, y no lo quieren enfrentar."

La información que brindan las organizaciones nacionales que
luchan contra la violencia entre parejas gays y lesbianas, deja en
claro que el principio de la solución está en reconocer que hay
abuso por una de las partes, y que la violencia parte de ahí, y que
no se trata de un simple pleito entre personas del mismo sexo. Para
mayor información acuda a la página web de organizaciones como
SAFE FOR ALL www.safe4all.org o NATIONAL CENTER
ON DOMESTIC AND SEXUAL VIOLENCE www.ncdsv.org,
que hacen énfasis en que este tipo de abuso se ha convertido en un
serio problema, tanto como lo es la violencia entre una pareja com-
puesta por un hombre y una mujer. Organizaciones como CUAV,
Community United Against Violence, tienen disponible una línea
de emergencia que funciona las 24 horas del día (415-333-4357)
y que ofrece los recursos para detener la violencia y el abuso, y que
pueden dar referencias de ayuda en los Estados Unidos.

El origen de la violencia entre parejas gay y lesbianas podría ser
más profundo, de acuerdo a la Dra. Lozano-Vranich: "Que las relaciones entre el mismo sexo sean más tormentosas que las heterosexuales depende de si hay apoyo de la familia o los amigos.
Obviamente donde se es más aceptado, donde hay más gente con
quien desahogarse y planificar cuando ha habido una ruptura, las
cosas son más fáciles. Pero en muchas ocasiones ese no es el caso y
los involucrados sólo se tienen el uno al otro porque no tienen a
nadie más."

Señales de Alerta

¿Hay algo que en una pareja del mismo sexo provoque una situación de violencia, y que sea diferente de lo que sucede en parejas heterosexuales? La respuesta es no, pero también sí. De acuerdo a los testimonios que he ido recolectando y cuyos autores han pedido quedar en el anonimato, las razones que llevan a la ruptura en parejas gay y lesbianas son muy diversas.

El Subconsciente

De acuerdo a sus propias palabras, un joven gay asegura: "El subconsciente es tan sabio que lee más de lo que la gente conscientemente acepta. Tú te buscas a la gente que crees que mereces. Si piensas que ser gay es malo entonces en eso te metes, con gente que te va a tratar mal y que lo ha hecho con otros y tú no vas a ser la excepción."

Las Mentiras

Otro amigo gay asegura que a diferencia de la mentira que provoca rupturas en una pareja de un hombre y una mujer, las que se dicen entre gente del mismo sexo cobran otra dimensión. "Si son dos hombres y uno de ellos está siendo infiel, entonces hay tantas mentiras como nadie pueda imaginar. Hay más traición y engaño donde hay hombres involucrados que cuando se trata de dos mujeres porque al final, no hay que olvidar que en una pareja de hombres gay subsiste la parte masculina en ambos y que el hombre es infiel por naturaleza. ¿Cuál de los dos sexos es el más leal? ¡Ni preguntarlo! El sexo femenino. Entonces, en una relación donde hay dos hombres, cuando hay infidelidad, se trata de mentiras multiplicadas por dos. Lógico que al descubrirlas, la forma en que se cobran el engaño y la traición cobra otras dimensiones, en muchos casos irremediablemente dramáticas, como homicidios-suicidios."

La Autoestima

De acuerdo a Carlos, el pintor venezolano que dio su testimonio, la autoestima juega un papel fundamental en la ruptura de relaciones y en la forma en que éstas finalizan. "La falta de aceptación en la pareja modifica los esquemas. Todo lo que sucede es consecuencia de algo. Si hay violencia, infidelidad, mentiras, esa es la manera en que vas a expresar la insatisfacción contigo mismo o contigo misma. Cuando la gente se quiere a sí misma, cualquier cosa se puede arreglar. ¿Qué hacer ante la ruptura? Es cuestión de cambiar la mentalidad y de ser positivo. A mí lo que se me hace difícil cuando uno termina una relación es empezar a ser amigo de un ex. Como sucede en las parejas heterosexuales, es posible tener una post relación que sea tranquila, pero siempre y cuando la razón por la que terminó la pareja no haya sido drástica."

La Premura

Para otro conocido, las relaciones entre gays tienden a durar menos por la forma en que se inician: "Por ejemplo, las relaciones sexuales

entre gays se dan rápidamente. Entre dos hombres uno siempre va
más rápido a lo que quiere, pero también quizá por eso, todo se va
más rápido si no hay una base para algo duradero. Entre un hombre y una mujer las relaciones sexuales se dan en forma más lenta y
se pueden ir conociendo porque no hay prisa. Otro factor que con-
dena a muchas parejas gay al fracaso, es la gran soledad con la que
vivimos, y el gran número de gente que cada día está más sola.
¿Qué hacemos? Recurrimos a clubes de solteros, donde sólo va
gente que no quiere ningún compromiso a largo plazo y lo acepta-
mos porque de cierta forma nosotros, a pesar de todo, tampoco
somos capaces de entender que podemos dar amor, y que merecemos que alguien nos ame."

Entre Mujeres

Eso en cuanto a relaciones entre hombres, pero una joven gay a
quien entrevisté para este capítulo, advertía que aunque entre dos
mujeres la lealtad ciertamente es mayor, eso no basta para evitar
situaciones dolorosas. "Aunque entre mujeres hay de todo, tal y
como sucede en la relación de un hombre con una mujer, en general no hay tantas mentiras ni traiciones como en el caso de dos
hombres, esto no evita que las relaciones femeninas no sean también más hormonales. No hay que olvidar que las parejas de mujeres gay son mucho más dramáticas porque somos más emotivas y
actuamos con el corazón. A fin de cuentas el hombre gay le da
menos importancia a las cosas sentimentales. Si pones a dos mujeres juntas, ambas lloran y ambas se piden perdón, pero cuando las
dos tienen el periodo, las cosas también pueden ser explosivas.
Aunque en una relación de mujeres, en general, los casos de ruptu-

ras violentas son menos que entre dos hombres porque somos más fieles y tendemos a que nuestras relaciones sean más largas."

Las Peleoneras

Tampoco como reportera olvidaré aquello que me dijo una mujer gay que era víctima de una relación de abuso doméstico por parte de su pareja: "Lo único que puedo recomendar a otras mujeres que se encuentren en mi caso, es que pregunten, que investiguen el pasado de sus parejas. Si yo lo hubiera hecho, me hubiera dado cuenta a tiempo de que me había relacionado con una mujer que desde niña fue agresiva y a quien le gustaban los golpes. A golpes peleaba con hombres y mujeres y lo había hecho de esa manera desde niña, lo que se agravaba con ataques de ira incontrolable ya que fue hija única y creció mimada por su familia. Con el tiempo, ese patrón de conducta la siguió en su vida adulta. Le pegaba a sus parejas, cosa que yo ignoré porque me enamoré irremediablemente de ella. Pero a su ira incontrolable se sumaron los ataques de celos, tal y como sucede con un hombre que abusa de una mujer. En mi caso, la situación fue empeorando porque después de una golpiza que me dio, y donde me defendí y también le di golpes, yo salí huyendo a un refugio para mujeres víctimas de la violencia. ¿Y que pasó? Que no supe cómo, pero me encontró...Y como era mujer ¡la dejaron entrar al sitio! Ahí nos vimos...y nos volvimos a entrar a golpes y el resultado fue que nos corrieron a las dos. Finalmente nos perdonamos y volvimos a vivir juntas. La violencia regresó luego de un tiempo de tregua, y después de años de aguantar golpes, un día me decidí a dejarla y me tuve que mudar de ciudad para poder salirme de aquella relación viciada. ¿Diferente de lo que sucede entre un hombre y una mujer? No y no. Así que mi consejo es no confiarse en aquello de que por ser mujeres somos más delicadas... ¡Qué va!"

La moraleja concerniente a la ruptura de una relación entre parejas del mismo sexo llega por cortesía de mi amigo Carlos, el venezolano: "Uno queda como quiere estar... La mala suerte para escoger pareja no existe. Todo depende de uno."

Para Tener a Mano

Ayuda en caso de violencia doméstica que involucre a parejas gay, lesbianas, transexuales y transgénero:

SAFE FOR ALL www.safe4all.org

NATIONAL CENTER ON DOMESTIC AND SEXUAL VIOLENCE WWW. ncdsv.org

COMMUNITY UNITED AGAINST VIOLENCE tiene disponible una línea de emergencia que funciona las 24 horas del día (415-333-4357) y que ofrece información sobre ayuda en los Estados Unidos.

20

Los Ex Jefes

Corría la Feria del Libro de Chicago organizada por Girón Books, uno de los distribuidores de libros más importantes de los Estados Unidos, cuando Ernesto Martínez, Director Comercial de la librería, trajo a mi atención a un tipo de ex que no es menos importante que todos los que a estas alturas del libro he mencionado y quienes marcan para siempre la vida de cualquiera: el ex jefe. "Ex también los hay en el trabajo," me dijo Ernesto, "no es mi caso, pero en este libro sobre ex relaciones, no puedes olvidar al ex jefe bueno o al ex jefe malo." La aportación de Martínez era más que válida, ya que usualmente detrás de miles de personas triunfadoras, está el hecho de que algún día tuvieron que enfrentarse a un terrible jefe. Con tan impresionantes consideraciones, por tanto, el ex jefe se convierte en el primer personaje al que se debe que los empleos terminen o que las carreras sean exitosas, me dice una de mis anónimas fuentes, quien añade, que por tanto, como en el caso de los ex sentimentales, los ex jefes tienen una serie interminable de clasificaciones:

Los que Dejan Huella

Cuando le conté a mi amiga, la periodista María Elena Salinas sobre este libro, de inmediato me comentó sobre la categoría de ex jefes con la que dice estar eternamente en deuda: los que se convierten en maestros.

"De los ex jefes que he tenido," narra María Elena, "he aprendido las cosas que me han hecho mejor trabajadora, mejor periodista. Pete Moraga, uno de los primeros que tuve, y quien ya murió, me enseñó que en el periodismo de televisión las cosas son más sencillas de lo que parecen en la pantalla y que sólo es cuestión de encontrarles el punto. Si Pete Moraga me enseñó lo básico, de Guillermo Martínez Márquez, que fuera vicepresidente de Noticias de Univisión en la década de los noventa, aprendí también cosas fundamentales. Me ayudó a tener confianza, ya que yo era muy insegura. Poco a poco junto a él fui entendiendo los secretos del periodismo político, como encontrar la historia dentro de un tema que por lo complicado levanta pasiones, sin olvidar nunca, que lo importante es que el balance de una cobertura no se mida por una sola historia, sino por el producto en su totalidad. Con Guillermo Martínez entendí lo que era el trabajo de informar en una redacción, donde siempre lo que haces hoy, lo puedes mejorar mañana."

El del átigo

El periodista colombiano Luis Alfonso Borrego habla de su experiencia con un jefe difícil, pero que es una variante de los que dejan huella.

"Me encontré con él durante mi práctica universitaria en una agencia de relaciones públicas en Bogotá y se convirtió en mi primer jefe. Me daba más y más tareas y al final me exigía más que a nadie, pero yo nunca le peleé. Después de que prácticamente cuestionaba todo mi trabajo, cuando me fui de aquel lugar, me explicó que se había atrevido a delegarme responsabilidades porque me encontraba cualidades para hacer muchas cosas más. Aprendí, sí, que uno no debe tener miedo en el trabajo. Aprendí que uno debe decir siempre 'sí, puedo,' aunque internamente creas que no. Ese mismo miedo es el que te llevará a cumplir las cosas. Ser optimista y decirle 'sí' a ese jefe que te exige la perfección, en algún momento, hace que superados los obstáculos siempre estés en el camino de hacer las cosas cada día mejor."

Pero no todo con un ex jefe es vida, dulzura y esperanza nuestra.

El Frustradito

"Ay manita, no puedes dejar de mencionar uno de los más malos de todos: los frustrados, pero eso sí, no puedes poner mi nombre, porque él es tan poderoso en la industria, que aún puede hacerme daño." La confesión viene de una amiga a quien guardo el secreto, porque en realidad su descripción ayudará a muchas y muchos a localizar el ex jefe o ex jefa en esta categoría. Se refería a los que gritan, humillan e insultan. A aquellos que mandan a los emplea-dos sólo por frustración y capricho. "Vieras," me dice la sufrida víctima, "si por la mañana o por la noche había peleado con su mujer, la cosa empezaba mal desde temprano. Llegaba, se ence-rraba en su oficina y se dedicaba a resolver los asuntos en medio de discusiones con la esposa, pleitos que está por demás decir que nunca ganaba y que terminaban con insultos y tirándose el telé-fono. Después de eso, era fácil imaginar el panorama para los em-pleados. 'Nos agarraba de su puerquito.' Todo el mal genio era producto de que mezclaba el trabajo con la familia, y después se iba a la oficina a volcar las frustraciones de su vida diaria donde era terriblemente infeliz, para buscar después al que podía para co-brársela." De acuerdo a la sufrida empleada, el ex jefe frustrado tenía muy buenas relaciones con los directivos de la empresa por lo que nada iba a cambiar. ¿Hubo solución? Sí. "Decidí poner tierra de por medio y busqué que me reubicaran en otra oficina de la compañía, algo que afortunadamente pude lograr ya que nunca causé problemas."

Los Prepotentes

Estos personajes se convierten en ex jefes de empleados que termi-nan con los nervios destrozados. La ex colaboradora cercana de uno de ellos narra su calvario. "El tiempo para este tipo de persona cuando es jefe, se convierte en un asunto de marcianos. Sólo im-porta el suyo, y generalmente frente a sus subalternos que necesi-tan el empleo para vivir, manejan el tiempo de los demás con prepotencia, jugando con ellos como si fueran de su propiedad.

Los proyectos que tienen que entregar siempre están listos al último minuto sin importar los sacrificios que los demás hagan para que él se luzca. Cuando en su desesperación, alguien se atreve a recordarle que la fecha límite para entregar el trabajo está por vencer, o que quizá ya venció, se enfurece y grita a diestra y siniestra. En ese momento quiere tener todo listo al instante, olvidando que por su culpa las cosas se retrasaron. Ahí no queda ninguna otra salida que irse de ese trabajo porque ningún jefe y ningún trabajo en este mundo valen la pena para terminar a causa de ellos a las puertas de una institución psiquiátrica."

Los Amnésicos

Si alguien hace daño a un empleo y a los empleados, sin lugar a dudas es el ex jefe que no predica con el ejemplo. No hay nada más patético que encontrarse con quien está pendiente de los retrasos de sus empleados o de la cantidad de horas que estos trabajan, pero que se olvida de lo que él o ella mismo hacen sin cuidarse que los demás los vean. Para esos personajes el reloj no cuenta. "Por favor hable de ellos, menciónelos en su libro," me pidió un viejo ex empleado de una firma de contadores. "Mi ex jefe entraba y salía a gusto a cumplir con asuntos personales en horas de trabajo. Siempre tenía una excusa preparada para hacer lo que le venía en gana. 'Se disparó la alarma en mi casa, ahora regreso.' Regresaba, sí, pero horas después. Religiosamente respetaba el horario de sus alimentos, lo que no hubiera tenido nada de particular, a no ser porque le importaba un soberano comino lo que sucediera con todos sus empleados, que raramente podían salir a comer fuera de sus escritorios. Nos fiscalizaba el horario aun cuando fueran sólo cinco minutos los que se llegaba tarde. Se enfurecía si tomábamos el almuerzo en medio de un proyecto que había que entregar al finalizar el día. Total, que su actitud era tan injusta como el dicho que asegura: 'Comiendo mis dientes que me importan los parientes.' Sólo contaban sus intereses, los demás podían irse a la porra. Estos ex jefes amnésicos son especialistas en olvidar vacaciones y días feriados de los empleados, pero eso sí, jamás olvidan un día que les afecte a ellos o a sus familias. Luego de años de aguantar estas situaciones injustas y de rehusarme a sentirme ofendido por los comentarios de que 'tengo que llevar de vacaciones a la familia,' cuando a mí me había cancelado unas vacaciones que con meses me autorizó, decidí que eso era todo, y renuncié. En realidad las cosas económicamente estuvieron apretadas porque el amnésico ex jefe olvidó también incluir en el cheque final las vacaciones que me debía, y yo no tuve el valor de reclamar, pero en fin, a pesar de las limitaciones por perder mi trabajo, todo fue mejor a seguir soportando aquel ex jefe que consideraba que el respeto, las comodidades y las concesiones se las merecía sólo él y su familia."

El Mil Excusas

"Antes de seguir llorando todos los días, preferí renunciar a un empleo con un buen sueldo," me confiesa una profesional de la banca y las finanzas. "Nunca olvidaré a ese ex jefe que ante sus superiores era perfecto, pero que con nosotros era un cobarde abusador. Si algo salía mal nunca era su culpa. Los demás eran los que cometían errores. Obligaba a todos a mentir, maquillaba cifras e inexplicablemente, siempre encontraba algo que lo hacía lucir

bien y muy profesional, evitando los problemas que a otros hubieran costado hasta la cárcel. Era hábil en el trato diario con sus jefes,
con quienes generalmente almorzaba y cenaba. Su vida era una
fiesta continua a costa de los nervios de quienes tenía bajo su
mando. Daba órdenes y contra órdenes. Se enfurecía contra clien-
tes y mandaba a decirles cosas, pero nunca los enfrentaba personalmente, eso era labor de otros. Y si algún cliente le reclamaba, de
inmediato culpaba al empleado por haberlo hecho. Después comenzó a hacer negocios que hubieran podido meterme en problemas, así que con todo el dolor de mi corazón por el buen sueldo,
pero evaluando lo que valía mi reputación y mi tranquilidad personal, simplemente renuncié y no volví a saber más de él. Lo cierto
es que aprendí a detectar a este tipo de individuos para no volver
a trabajar con nadie parecido nunca más."

El Machista

Aunque estos personajes se esconden y saben camuflarse bien, terminan siendo ex jefes de mujeres a las que tratan en forma altanera
y abusiva. No resisten las sugerencias femeninas, así estas sean la
mejor opción para hacer las cosas mas eficientes y productivas. Re-
húsan el contacto con sus empleadas por el solo hecho de que sean
mujeres. Forman un círculo donde lo femenino está exiliado en
Siberia, y en general, terminan corriendo a las empleadas que insis-
ten en obtener un mejor puesto. No hay nada que hacer ante estos
ex jefes, sólo detectarlos a tiempo para evitarlos, o por el contrario,
prepárese para librar una lucha diaria y desgastante, que invariablemente terminará en su despido, totalmente frustrada.

El Don Juan Tenorio

Este ex jefe era más común antes de todas las leyes en contra del abuso sexual en los centros de trabajo, que quedaron estipuladas en el Acta de Derechos Civiles (Civil Rights Act) de los Estados Unidos en 1964, pero que se comenzaron a aplicar rigurosamente a partir de 1991. Era el ex jefe con aires de Casanova, y quien sin importar estado civil (de él o de su empleada) intentaba presionarla para que tuviera una actitud cariñosa, más allá de toda ética laboral. "Las historias son por millares, me cuenta una víctima del acoso de un ex jefe, pasa mucho no sólo en las oficinas, sino en los campos de cultivo y en las fábricas donde trabajan mujeres y donde los supervisores o capataces son hombres. Por lo general ellos toman ventaja de la trabajadora que principalmente es indocumentada y que saben que necesita desesperadamente de un empleo. Esas somos las víctimas más frecuentes. Comienzan a hacer acercamientos para pedir favores sexuales a cambio de recibir un beneficio en el trabajo, siempre con la amenaza, abierta o escondida, que de negarse, uno pagará las consecuencias perdiendo." De acuerdo a la Comisión de Oportunidad y Equidad en el Empleo (EEOC), cualquier compañía que quiera evitar verse envuelta en costosas demandas por no evitar el acoso sexual entre empleados y jefes, deberá implementar una política que elimine la posibilidad de que eso ocurra en su centro de trabajo. "Cuando a mí me sucedió," asegura la víctima, "yo no sabía qué hacer, ni conocía los derechos que tenía, y dejé el empleo por causa del ex jefe que le metía mano a todas las empleadas que quería. Ahora sé que eso no es así, y que por ley hay maneras de como defenderse."

Si se encuentra en medio de una situación de acoso sexual o

sexual harassment, tenga presente que por ley esto es algo que deberá ser sancionado por el patrón o empleador, quien a su vez deberá rendir cuentas a la agencia del gobierno encargada de vigilar este tipo de conducta que afectan el trabajo de una persona y que sin razón interfiere en el desarrollo laboral o crea un ambiente hostil, ofensivo e intimidante en el trabajo.

Para mayor información puede recurrir a los departamentos de recursos humanos de su empleo, o directamente a la página web www.eeoc.gov.

El Arrepentido

Este es el sinónimo de lo que la palabra venganza representa. ¿Qué tal cuando al cabo de los años, aquel ex jefe que fue nuestro tormento, aquel por el que tuvimos que sufrir y llorar y por el que nos marchamos de un sitio, nos vuelve a buscar arrepentido diciendo: "Fulanita, amiga de la vida, yo siempre supe que ibas a triunfar, ahora que tú puedes, no me vas a negar tu ayuda, ¿verdad?" O quizá el discurso es otro, pero siempre dicho con la mayor amnesia sobre la forma en la que el ex jefe trataba a su ex empleada o empleado: "Yo siempre supe que ibas a llegar muy alto... ahora vengo a que tú me des la mano porque no tengo trabajo." Este personaje sí que no tiene el menor ápice de vergüenza, y allá usted si lo perdona.

Los Buenos

Personalmente, y a decir verdad, he sido tan afortunada en mi vida laboral que sólo he tenido dos trabajos antes que el presente, la cadena de televisión estadounidense Telemundo, con quien comencé a trabajar en septiembre del 2005. Por tanto y en palabras claras, mis ex jefes me han durado varios años, y me han brindado su cariño y apoyo, además que he aprendido de ellos las cosas que me han dado el éxito. Alguna ventaja tendría el escribir este libro para poder cerrar este capítulo escribiendo en primera persona. A lo largo de treinta y un años de reportera de televisión, tres ex jefes han marcado mi vida: Félix Cortés Camarillo, quien me dio mi primer trabajo en la Vicepresidencia de Noticieros de Televisa en la Ciudad de México en septiembre de 1974. Cortés, es el sinónimo de la excelencia y la exigencia, fue un jefe del que por las mismas características, no sólo aprendí los gajes del oficio, sino del que he recibido siempre el consejo correcto en el momento indicado. Gracias a él desarrollé la capacidad de crítica que me permite no despegar los pies de la tierra. A él también debo mi primer trabajo en los Estados Unidos en noviembre de 1986 cuando me empleó como la primera corresponsal en California del entonces Noticiero Nacional SIN de la cadena Spanish International Network, predecesora de Univisión. Cortés Camarillo al volverme a dar empleo dejaba en claro el mensaje que es universal entre jefe y empleados donde quiera que se encuentren y en cualquier actividad a la que se dediquen: Una buena relación del que trabaja para superarse, como diría la letra de canción de Juan Gabriel, "sin pena, ni horario, ni fecha en el calendario," siempre, absolutamente siempre, rinde frutos, y si no, que me lo pregunten.

Jacobo Zabludovsky es el otro ex jefe que marcó definitivamente mi vida profesional. Siempre he dicho que si mi padre me dio la vida, Jacobo me dio el oficio. Junto a él, puedo decir metafóricamente que hice la carrera, y de paso la maestría y el doctorado, que difícilmente hubiera logrado en una universidad. Hago cuen-

tas y en 1974 cuando comencé a trabajar con Jacobo, él tendría
unos escasos cuarenta años y estaba en plena cima de su trabajo en
la televisión en el noticiero *24 Horas.* Era simple y llanamente "la
palabra de acuerdo a Jacobo." Lo que Jacobo decía, era ley. Como
en un sueño, vi pasar a presidentes y a parte de la historia contem-
poránea mexicana de finales del siglo XX, teniendo el privilegio de
estar junto a él durante doce maravillosos años que hasta el día de
hoy recuerdo diariamente. Inevitablemente hay ocasiones en las
que me cuestiono: ¿Qué diría de esto Jacobo? Lo llegué a conocer
tanto como jefe, que hasta el día de hoy, de inmediato imagino su
respuesta. Un gran conocedor del lenguaje, hombre extraordinariamente culto, ávido lector de libros, periódicos y revistas, Zabludovsky, dueño de una agudeza e ironía como pocas, creó toda una
generación de reporteros de televisión a los que nos transmitió una
fuerza increíble para resistir embates, con una filosofía indiscutible: generalmente el primer error es el último.

Pero finalmente, en esa corta lista de ex jefes, de pronto se coló
un nombre más en la lista: Sylvia Rosabal-Ley, vicepresidenta de
Noticias de Univisión, y quien en julio de 2005 entendió que mi
ciclo periodístico en el Noticiero Univisión, que fue mi casa durante 19 años, había terminado para dar paso a otra actividad profesional para la que ya no había espacio dentro de esa cadena. En
ese doloroso proceso, Sylvia ganó un mil como ex jefa ante mí y
ante los ojos de mis entonces compañeros en la redacción del Noticiero Univisión quienes observaron cuidadosamente en silencio
mi partida y su actuación que tranquilizó a muchos. Ambas, Sylvia
y yo nos habíamos conocido trabajando cercanamente durante más
de una década. Con una fama bien ganada de ser directa, de no
andarse por las ramas y de no dejar translucir sus emociones, sin
embargo, como mi ex jefa, cuidó hasta el último detalle para que

no se presentara una situación que lesionara mi dignidad. Por las cosas que difícilmente hace un ex jefe cuando un empleado se marcha, como hablar extraordinariamente de mi trabajo y de mi persona, es que por encima de las razones corporativas, siempre tendré a Sylvia Rosabal en esta corta lista que ha transformado mi vida.

Por lo demás, los ex jefes están disponibles en envases de todas formas y colores, pero siempre con algo muy especial como acota al final María Elena Salinas... "Más allá de los disgustos y desacuerdos que se hayan tenido durante la relación laboral, si alguien pudiera describir al ex jefe perfecto, éste siempre será aquel que ayuda al empleado a crecer, y más importante aún, aquel a quien se le pueda seguir teniendo como amigo por siempre."

21

Los Ex Profesionales

Si Fabio mi marido pensó que las pasionales historias de sus ex le merecieron únicamente los capítulos iniciales y el último, se equivocó porque en este que se refiere a los ex profesionales, también tiene bien ganado un lugar. Fabio, como millones de inmigrantes llegó a los Estados Unidos con impresionantes títulos universitarios luego de cursar la carrera de ingeniería y el doctorado de Arquitectura Naval en Rusia, pero a su llegada a Miami, luego de haber escapado de Cuba remando en una balsa, para ganar dinero inmediatamente sus oficios fueron variados: de lavacarros a panadero en una importante cadena de supermercados, algo diametralmente opuesto a los barcos y el mar. "En esos momentos mi vida, la de Antón, en ese entonces un niño, y la de Jorgito, mi sobrino, los tres que llegamos juntos al exilio, era difícil, sí, pero a pesar de todo tenía lo que nosotros buscábamos, la libertad y la oportunidad de expresar libremente lo que pensábamos. ¿De qué me servía en Cuba haber sido el mejor trabajador del astillero si mi hijo pasaba hambre y andaba con los zapatos rotos? Eso, al margen de que cada día mi vida era más complicada en el astillero porque yo hablaba de que si en Rusia la Perestroika de Gorvachov había funcionado, ¿por qué entonces nosotros, los cubanos, no podíamos echar a andar un sistema que cambiara los que entonces eran casi cuarenta años de dictadura? Esto comenzó a convertirme en un individuo indeseable y tuve que resistir presiones a las que nunca cedí hasta que decidí finalmente que vivo o muerto, pero que yo llegaría a la libertad en los Estados Unidos."

Trabajando y estudiando al mismo tiempo Fabio revalidó sus títulos y finalmente, luego de mucho sacrificio dejó la panadería del supermercado y encontró un empleo en una compañía hondureña de registro de barcos. Con los años y más estudios y revalidaciones académicas, se convirtió en ejecutivo de la misma. "Ni en los peores momentos me quejé. Todo valía la pena porque tenía libertad, algo desconocido en Cuba."

Su historia es exactamente igual a la de miles de hispanos que eran profesionales en su tierra y para los que sus carreras quedaron en el olvido al llegar a los Estados Unidos, aunque el caso de Héctor Barroto, graduado de Historia del Arte en la Universidad de La Habana, desde un principio, fue una historia dolorosamente diferente por la naturaleza de su oficio, camarógrafo de cine.

"Poco tiempo después de haber llegado y luego de estar haciendo trabajos temporales de camarógrafo, me di cuenta de que la experiencia que yo tenía por todos los años de trabajo en Cuba no significaban absolutamente nada para obtener un trabajo de tiempo completo que me permitiera a fin de mes pagar mis cuentas. Lo que ganaba esporádicamente no me alcanzaba para eso, así que decidí sobrevivir en otra cosa. Encontré un empleo de manager en un hotel y de pronto me convertí en un ejecutivo. Pasé de short, camiseta y jeans, a convertirme en un hombre de cuello y corbata. ¿Cómo me siento? Bien. Me siento muy bien pudiendo pagar todas mis necesidades y teniendo a mi familia contenta."

Héctor Barroto, famoso en Cuba por numerosos filmes entre ellos uno titulado *Vampiros en La Habana,* que se puede alquilar en tiendas de video, dice que la necesidad le hizo ver las cosas con una dimensión real.

"El medio es difícil, requieres de tantas conexiones para entrar que en ese intento quedan cientos. Todavía, cuando veo las películas que yo filmé y más aún, cuando veo mi nombre en los créditos al final, me sorprende la nostalgia, lo mismo cuando en la calle veo a un camarógrafo filmando me detengo a preguntarle qué hace, o en otras ocasiones, cuando veo a un muchacho joven desempeñando lo que fue mi trabajo, me dan ganas de darle algunos consejos para que le vayan mejor las cosas, pero me detengo porque sé que eso es cosa de mi pasado, aunque en lo personal no me he alejado del todo porque sigo haciendo fotografía en blanco y negro, y he logrado vender algunas de mis fotos, pero, bueno, eso es parte del pasado."

¿Valió la Pena el Sacrificio?

"Sí, sin duda. Sin duda que el resultado es positivo. En el caso de nosotros los cubanos todo lo que vivimos al llegar al exilio es algo muy especial precisamente por haber vivido en un sistema que no se parece a nada ni a nadie. A nosotros nos dijeron que vivimos en el socialismo y nos dimos cuenta que no era cierto. Nos dijeron que era comunismo y resulta que tampoco. Vivir en Cuba es vivir fuera del mundo, aislados, por eso es que las cosas son tan difíciles para un cubano cuando llega a los Estados Unidos. Llegamos sin saber lo que es una tarjeta de crédito, lo que es una chequera, y lo peor, llegamos sin saber que podemos hablar de todo sin que nos cueste la libertad. Así que todo es como volver a nacer."

Comenzar Desde Cero

Inés Marina Fajardo, mi cuñada Yuyita, un personaje que aparece en todos mis libros vivió en carne propia el martirio de volver a comenzar en los Estados Unidos. Durante veinticinco años como maestra, fue directora y subdirectora de una escuela primaria en Cuba, antes de escapar de su patria.

"A los cuarenta y cinco años, una edad en que debería de estar recibiendo los frutos por un cuarto de siglo de trabajo, comencé desde cero. No importaba, nada importaba con tal de vivir en un país libre junto a mi hijo y a mi familia que ya estaban aquí, pero ¿qué pasa? Que empezar de cero en un país con un idioma extraño que no dominaba ha sido una pesadilla. Algo terriblemente difícil y que sufren los miles que como yo han venido. Claro que yo he tenido una ventaja, la de tener una familia que me ha apoyado y una disposición de volver a empezar que no me ha dejado deprimirme, pero lo primero con lo que nos encontramos los inmigrantes profesionales al llegar, si no se tienen convicciones, te hace virar urgentemente por donde viniste. Me explico mejor. La primera oficina del gobierno a la que te remite inmigración en el caso de los cubanos, es a la de Children and Family. Ahí te atiende quien, teóricamente, debe encaminarte en tu nueva vida. Supuestamente al parejo de la ayuda financiera, te ayudan a buscar un empleo. En mi caso esto se volvió un verdadero tormento. Me tocó una mujer, hispana como yo, que me hizo 'la vida cuadritos.' Ignorando totalmente mi resumé de maestra y mis súplicas de que me enviara a trabajar en lo mío, como asistente o como lo que fuera a una escuela donde yo pudiera ayudar a niños hispanos que no hablaran inglés, aquella mujer, quería obligarme a que yo trabajara en un restaurante de comida rápida... que además estaba en el otro extremo de la ciudad, y al que me era imposible llegar porque en Miami el sistema de transporte público no funciona como en otras ciudades, y yo no tenía auto para transportarme... Lejos de entenderme, aquella mujer se convirtió en mi sombra. Me llamaba todos los días, a todas horas y su letanía era indignante: 'Tienes que irte a trabajar al restaurante de hamburguesas.' Yo le volvía a repetir que por lo menos me buscara uno que estuviera al alcance de mis piernas, aunque caminara lo que fuera, no sé. De inmediato me respondía altanera. 'Eso es lo único que hay. Olvídate de trabajar de asistente o de cualquier cosa en una escuela. Olvídate de tu carrera. Tú más nunca vas a trabajar en eso en este país.'"

Luchando Contra la Burocracia

"Cada vez que aquella mujer llamaba para que yo me fuera a freír hamburguesas yo me quedaba muy deprimida. Hasta que finalmente, por mis propios medios conseguí mi primer empleo: como dependienta en la farmacia de Juanita Castro Ruz. Ahí, en aquel lugar que no tenía que ver en lo más mínimo con mi profesión de maestra, me sentí muy feliz y realizada porque contrario a lo que me repetía aquella infeliz burócrata de la oficina de Children and

Family de Coral Way y la 97 Avenida de Miami, todos allí me decían que ¡yo sí podría volver algún día a las aulas como maestra, y
que sí me lo proponía podría llegar a ser lo que quisiera ser! Mi
mente borró el nombre de la abusiva empleada hispana que trabaja
en esa oficina, y cuyo comportamiento seguramente se repite en
muchos otros empleados que en todos los Estados Unidos se aprovechan del puesto que tienen para humillar a los inmigrantes recién
llegados."

Persiguiendo el Sueño Americano

"Luego de repartir mi resumé por todas las escuelas inimaginables,
me comenzaron a llamar para trabajar como maestra substituta,
algo que hice en innumerables ocasiones sin importar la distancia,
ya que pude comprarme mi primer auto. Años después de estar
diariamente de un lado para otro, pero finalmente trabajando en
mi profesión, llegué al sitio donde he recibido la gran recompensa:
la escuela Neva King Cooper en Homestead, Florida. Diariamente
desde Miami hago media hora de camino para llegar, y otra media
hora de regreso, pero no me importa. Ahí tengo gente que me aprecia y que reconoce mi trabajo de maestra. Y algo más. Esa escuela
es la única que existe en el sur de Miami que atiende a niños discapacitados que sin toda esa gente de gran corazón no tendrían ninguna oportunidad de aprender nada en la vida."

"Y yo sigo adelante. Estoy estudiando la maestría en un programa de la Universidad Nova, diseñado para personas como yo,
que no hablan bien el inglés, pero que fueron profesionales en sus
países y que quieren encaminar su vida en el campo de la educación
en los Estados Unidos. Lo más importante es que uno siga su vo-

cación sin importar la frustración de personas que ponen trabas. Nada debe detener los sueños de salir adelante."

La psicóloga Belisa Lozano-Vranich a lo largo de sus años de práctica dice que es un fenómeno que se repite dolorosamente por todos los Estados Unidos, un país que generosamente abre sus puertas y que está orgulloso de ser conocido como "The big melting pot" es decir "La gran olla" donde todas las culturas se funden...

"Inmigrantes con carreras profesionales, maestras, enfermeras, llegadas de toda América Latina que vienen con sueños y que terminan limpiando casas o cuidando niños. Recuerdo un artículo del diario *The New York Times* donde señalaba que cada día llegan muchas más mujeres, madres de familia, que hombres, y que es un fenómeno que está ocurriendo con más regularidad debido a otra situación desconocida, hay más trabajos para ellas que para ellos, pero el trabajo tiende a ser de tipo doméstico. Por razones como estas, cada día se ve a más hombres quedándose en sus países para cuidar a los niños, lo que provoca un sinfín de problemas psicológicos para toda esa familia."

¿Qué Hacer?

"En general, revalidar la licencia profesional que se obtuvo en el país de uno," afirma Lozano-Vranich, "es algo difícil pero no imposible. He conocido a profesionales que han perseguido hasta el final el sueño de practicar su mismo oficio aquí, y eso es importante. Antes que todo hay que tener la capacidad de soportar cualquier sacrificio para estudiar nuevamente la carrera y lograr las revalidaciones. Generalmente, la meta es primero conseguir un empleo donde puedan utilizar sus conocimientos. También, encontrar el jefe o el patrón que se dé cuenta de la formación que posee el empleado y que le dé importancia a su pasado y a los estudios que éste tiene. Yo tengo una paciente que era maestra en su país, y su perseverancia ha sido tan grande, que después de trabajar como sirvienta en una casa durante años, ahora está planificando abrir un *Day Care* o guardería infantil para poder trabajar en lo suyo y además enseñar a los niños."

Dónde Encontrar Ayuda

Yo misma, como inmigrante, al llegar a California como Corresponsal de Televisa en la década de los ochenta, hablaba muy poco inglés, apenes sabía eso de "pollito chicken, gallina hen, lápiz pencil, y pluma pen" ¿Qué hice? Buscar en donde aprenderlo sin que me costara. En todas las ciudades y pueblitos de los Estados Unidos, en cualquier escuela secundaria o High School o en los Colegios Comunitarios (Community Colleges) funciona gratuitamente por las tardes y por las noches lo que se llama Adult School con una gran variedad de cursos a todos los niveles, especialmente lo que se llama ESL (English as a Second Lenguaje). Yo estudié ESL en una humilde escuela comunitaria en San Isidro, California. En realidad eran unos trailers con maestros bilingües. Para acelerar el aprendizaje, uno de mis maestros me recomendó entonces que además llevara algún otro curso que a la par me ayudaría a hablar más rápido. Esa fue una gran idea que seguí al pie de la letra. Estudié Gobierno Americano e Historia de los Estados Unidos y ambas materias me hicieron más ameno el aprendizaje del inglés.

Una Recomendación Útil

La recomendación más importante y que al mismo tiempo parece ser la más superficial, tiene un gran trasfondo. Vino de Guadalupe Ramírez, una inmigrante mexicana frustrada por la situación que se vive en muchos cursos de español que se imparten en varias escuelas públicas. Estos cursos tienen un gran número de estudiantes latinos, y por eso no obtienen los resultados que debieran.

"Yo me inscribí en una escuela donde había un gran número de recién llegados que éramos hispanos. Malo. La gran mayoría no asimila de inmediato que hay que dejar de pensar en español y siguen hablando y jugando en las clases. No digo que todos, pero muchos pierden el tiempo y se lo hacen perder a los demás. Y qué decir de los solteros y solteras que ven en esos sitios la oportunidad de relacionarse con otras personas y convierten las aulas en salones para encontrar pareja. Frustrante. Mi situación cambió hasta que un maestro que escuchó mis quejas me dio el mejor consejo: Busca salones de clase donde hayan europeos o asiáticos con los que no te puedes comunicar a menos que sea con señas. ¡Esa fue mi solución! En mi clase había vietnamitas, chinos y japoneses. Eran muy dedicados a los estudios, nadie hablaba con nadie, porque no nos entendíamos. Tampoco había chistes, fiestas y comidas. Sólo estudiar y estudiar y así fue como adelanté más. Al final del año escolar, me sorprendió que aquellos que habían comenzado llegando en bicicleta a la escuela, ya tenían su carrito, y sobre todo, al igual que yo, que también ya hablábamos más inglés, a diferencia de mis antiguos compañeros que se la pasaron planeando reuniones, y conociéndose socialmente, y quienes no adelantaron nada."

Muchos recién llegados, como así Yuyita, mi cuñada, están de acuerdo en que el fenómeno existe, pero también sucede que en ciudades con gran concentración de hispanos como lo es Miami, encontrar escuelas de adultos donde los alumnos no hablen español es imposible.

"Por tanto, y para que no haya discriminación, sería necesario implantar una buena disciplina para que en las aulas no haya tanta distracción. A mí me molestaba que en las clases de inglés, la gente preguntara en español y les contestaran en español, lo que retrasa el aprendizaje. Hay que estar alerta a que esta situación sucede y cuando pase, hacérselo saber al maestro que seguramente corregirá el problema porque ellos quieren que los alumnos aprendan inglés. Por lo demás, hay que evitar de alguna forma que esas clases de inglés en escuelas de adultos se conviertan en centros sociales."

Cuidado con los Fraudes

Alrededor de la enseñanza del inglés han crecido toda una serie de negocios que ofrecen un rápido aprendizaje del idioma. Hay algunos que son bien intencionados y que le dan al alumno las herramientas que necesita para aprender, pero tenga mucho cuidado con quien le ofrezca las cosas muy fáciles. Me aterra pensar en quienes caen en el fraude de "aprender inglés mientras duerme" a base de casetes que se escuchan a la hora de dormir. Ciertamente los cursos privados y las escuelas especializadas en este tipo de clases con cursos intensivos que tienen pocos alumnos son costosas, pero aléjese de quien le ofrece todas las maravillas casi regaladas, además con obsequios si compra esto o aquello. Consulte, pregunte y no se deje impresionar por los vendedores que quieren forzarlo a que de inmediato haga su pedido.

Requisitos Básicos

Más allá de lo que sucede en torno al aprendizaje del inglés, se encuentra lo que sucede con la revalidación de los estudios para comenzar nuevamente en la carrera que usted tenía. Hay innumerables sitios en la Internet que pueden ayudarlo, uno de ellos, que ofrece mucha información es http://adulted.about.com

Traducción de Títulos

Un requisito fundamental del gobierno de los Estados Unidos para iniciar el proceso de revalidación de estudios, es la traducción de sus diplomas universitarios, es decir, del título profesional. El papeleo se acorta si usted trae consigo sus calificaciones o las consigue en forma oficial de la escuela donde estudió. Estos documentos deben de ser traducidos y certificados legalmente por compañías especializadas que al mismo tiempo evalúan sus estudios universitarios y encuentran el equivalente académico aquí. Contacte a la National Association of Credencial Evaluation Services www.naces.org/members.htm para localizar el lugar más cercano a su domicilio.

Los Primeros Pasos

En el caso de profesionales en el campo de la educación, luego de tener las traducciones de sus títulos universitarios, el paso a seguir para trabajar es el School Board de cada ciudad. En el departamento de Recursos Humanos se encuentran los formularios para llenar y la información acerca de los empleos disponibles.

En el caso de los profesionales de la salud dedicados a la enfermería, cada estado tiene regulaciones específicas para ellos. En la Internet nuevamente hay una gran cantidad de sitios, basta buscarlos bajo la clasificación de Nursing Board anteponiendo el estado donde usted vive. También existen páginas web como www.Allnurses.com que proveen infinidad de información.

El resto de carreras y profesiones tienen revalidaciones distintas y su información está disponible en los diferentes Boards o Juntas de cada especialidad.

Ciertamente hay algunas más difíciles que otras, pero la diferencia entre ser o no ser un ex en las carreras a las que dedicaron tantos años de su vida, radica en la decisión de cada cual. Y no hay más que decir.

22

Para No Ser un Ex Famoso

Nunca como en el verano del 2005 recordé una plática que en la década de los ochenta tuve en México con la inmortal Celia Cruz durante una entrevista en la que hablaba sobre como seguir vigente. Celia le dijo entonces a una joven e inexperta reportera de la Vicepresidencia de Noticieros de Televisa y de la revista *Vanidades* que era asunto de seguir trabajando diariamente en algo nuevo. "Que la gente no se olvide de ti es asunto de hacer cosas que sean atractivas para todas las edades, de reinventarse." Nunca olvidaré aquella plática donde inicié con ella y con Pedro Knight, su adorado esposo, una relación afectuosísima, y sus palabras cobraron aún mayor vigencia el día de julio del 2003 cuando falleció y recibió un gran homenaje por parte de todos sus seguidores en Miami y en Nueva York. Fue evidente que había logrado lo que se propuso, el que niños y jóvenes la conocieran tanto como los mayores que habían cantado y bailado con su música en su juventud. "Pude haberme quedado con una o dos canciones, pero decidí seguir haciendo más y más para no quedarme atrás. Sólo así el paso de los años no me va a afectar como artista." Todo esto deja en evidencia otra categoría más de ex, a la que la reina indiscutible de la salsa con su trabajo y evolución innegables se negó a pertenecer: la categoría de los ex famosos. El renglón donde entran a vegetar eternamente artistas de una sola canción que se negaron a entender que la fama de ese momento era eso, sólo un momento, y no hicieron nada más. El mismo renglón donde se refugiaron artistas de muchos éxitos que no aceptaron el cambio y que no se dieron cuenta del momento preciso para retirarse en medio de su mayor gloria. Pero el renglón de los ex famosos no es sólo propiedad de estos, sino de deportistas y muchos otros, que se rehusaron a aceptar el paso del tiempo en sus carreras.

Por razones tan contundentes como esas, nunca como en el verano del 2005 recordé aquella plática con Celia Cruz, por la sencilla razón de que fue entonces cuando tuve que tomar una determinación en cuanto al futuro de mi vida profesional y llegar a la decisión más importante que he tomado en casi veinte años. Al término de la extensión de mi contrato de trabajo con la cadena Univisión, mi casa durante diecinueve años, decidí que era el tiempo de reinventarme o quedar rezagada en el olvido irremediablemente. La verdad era así de corta y de sencilla. Durante el mes de julio de ese año, comprendí que no en ese momento, pero que en tres o cuatro años más, el futuro estaría totalmente limitado para una periodista y presentadora de televisión que ya había hecho, valga la redundancia, todo lo que se podía hacer en un noticiero nacional, y que lo que yo quería, contra viento y marea, era estar en contacto con el público que me había ganado con mis cuatro libros anteriores a éste. La pesadilla más grande que me persiguió durante mucho tiempo, era aquella en que aterrada imaginaba el día en que mis jefes por lástima, por considerarme una diosa vieja del cine mudo, en mi caso, una diosa vieja pero de las noticias, decidieran arrinconarme, relegándome a un plano ínfimo, y yo, sin más que hacer por no haber tomado las riendas de mi vida a tiempo, tuviera que aceptar entonces migajas, sólo por haber sido cobarde. Ahí me salió la casta y decidí que era tiempo de planear mi vida para los próximos diez años. Y así lo hice pensando en que Celia Cruz pudo haberse quedado con aquello de: "Songo le dio a Borondongo, Borondongo le dio a Bernabé"... Sin embargo, ella siempre aceptó el reto de reinventarse hasta el final, con aquellas pelucas maravillosas, con su ropa joven y llena de colorido y con su música inolvidable, y si no, ahí están las canciones "La vida es un Carnaval" o "La negra tiene tumbao," que cantó hasta el último momento, con aquella voz que nunca envejeció. Entonces entendí que lo mío sería cosa de ser valiente... y de re-in-ven-tar-me.

Para No Ser Ex Famoso

Nada, absolutamente nada pude haber hecho sola, sin la ayuda enorme y la evaluación más imparcial de Raúl Mateu, vicepresidente de la agencia de representación William Morris, no sólo mi agente, sino mi amigo y el artífice de la María Antonieta Collins a partir del año 2001. Con Raúl he aprendido a perder el miedo al rechazo, y lo he aplicado en todo: en mi oficio periodístico y para poder vender más mis libros. Así he aprendido a exigir que les den el lugar que estos merecen en el mercado donde hemos logrado, por lo menos, cuatro *best sellers*. Fue Raúl quien me enseñó que las decisiones trascendentales requieren ser evaluadas cuidadosamente y que se toman con el cerebro, no con el corazón ni con el hígado, es decir, no peleando ni marchándose con rencores, sino diciendo la verdad desde el principio, tal y como sucedió con mi salida de Univisión. Raúl tiene una fórmula más para no perder vigencia: Hay que actuar en el momento justo, jugándose el todo por el todo, pero sin mentir, negociando de frente sin perder la dignidad ni la clase, en un riesgo calculado.

Cuando la mañana del 30 de agosto del 2005, en Los Angeles, durante la conferencia de prensa en la que la cadena de televisión Telemundo anunció con bombo y platillo mi nuevo contrato, la fórmula de Raúl Mateu cobró mayor vigencia para mí. "Para no quedarte rezagado en el olvido," asegura Mateu, "se requieren tres cosas: Ser bueno en tu trabajo, ser una buena persona...y tener muy buenos amigos." No soy modesta en afirmar que esas tres cualidades se conjugaron en ese momento porque al hombre a quien debo la gran oportunidad de reinventarme, el que creyó en mí para el proyecto más importante que una cadena de televisión en español en los Estados Unidos confiara a una mujer de cincuenta y tres fabulosos años como yo, se llama Jorge Hidalgo, mi amigo a lo largo de casi dos décadas. En forma más que emotiva, él fue quien hizo el anuncio en la conferencia de prensa, y está de más decir, que tras bambalinas sucedieron los momentos más nostálgicos y emocionantes que se puedan dar entre dos amigos como somos él y yo. Siendo buena en mi trabajo por tantos años y siendo una buena persona, no hubiera logrado nada si mi buen amigo no hubiera tenido en sus manos el proyecto más ambicioso a realizar, la nueva programación matutina de Telemundo con el programa *Cada Día con María Antonieta*.

El Todo por El Todo

Estaría incurriendo en una gravísima omisión si no menciono dos cosas más: una, el gran miedo que significó el tomar el reto que la propuesta de Jorge Hidalgo presentaba, y la otra, que en medio de todos los riesgos, estos ciertamente eran amortiguados por la tranquilidad de saber que estaría junto a otros dos amigos de mucho tiempo: Guillermo Santa Cruz y Diego Longo, extraordinarios colaboradores de Jorge, a quienes conozco desde que ellos eran jovencitos y recién se habían iniciado en este negocio. Hoy, ambos son mis jefes y me siento orgullosa de eso, porque entre nosotros, de antemano está el respeto que sentimos cada uno por el trabajo de cada quien. De esta forma, el riesgo estaba más que calculado. No llegaba como el llanero solitario con el peligro de que en medio del combate se me acabaran las balas. Claro que no.

Para No Ser un Ex Famoso

Todo formaba parte de la batalla para reinventarme y no dejar de ser cuando todavía me quedan mis mejores años. Para que eso no suceda, Raúl Mateu tiene la palabra: "Aunque sea difícil creerlo, hay famosos que quieren dejar de serlo. Simplemente, luego de toda una vida realizando un trabajo excesivo, un día deciden que se van, que eso es todo y efectivamente se marchan. Desaparecen totalmente y prefieren que el público los recuerde como fueron. El ejemplo más claro es Johnny Carson, el comediante norteamericano conocido durante años como el rey y creador de todos los programas nocturnos de la televisión estadounidense. Un buen día se retiró, pero lo hizo verdaderamente. Desapareció del panorama, y fue recordado y añorado por sus seguidores durante mucho tiempo. Sólo que estos son casos esporádicos. ¿Qué hacer para no ser un ex famoso? Bueno, aunque eso es difícil de saber, las cosas básicas son: mantener el nivel profesional y no tomar por sentado que tienes un puesto asegurado, porque en esta industria siempre hay alguien que viene detrás y que quiere tu trabajo. Vives de contrato a contrato y cada vez que se acaba tu contrato alguien tiene que hacer una decisión sobre si sigues o no."

Ingredientes de la Receta

De acuerdo a Mateu, hay cosas que hacen que unos salgan adelante y que otros se hundan en el mundo de los ex famosos. "Puedes ser una persona difícil, crear problemas, pero te quedas . . . si tienes público. El reto es para el resto, para los que tienen que mantener el nivel, para los que si dan dolores de cabeza a los jefes, entonces, ¿para qué seguir teniéndolos? La única excepción son las súper estrellas, porque a esas, en base a lo que dan, se les perdona todo lo que hacen. Por tanto, sobrevivir es asunto también de todo lo que está alrededor. Si mientras estuviste al aire fuiste mala gente, entonces la gente trataba contigo por tu posición. En situaciones similares he visto que cuando ese tipo de gente se va, muchos dan gracias de que se fueron y se olvidan de ellos, y el personaje desaparece de la escena y nunca más vuelve a estar en la lista de nadie. En cambio, si fuiste bueno en tu trabajo y además fuiste una buena persona, si ayudaste cuando pudiste y tienes amigos en puestos clave en otros lados, y si conservas la habilidad de hacer las cosas como antes, especialmente, si muchos recuerdan lo bueno que fuiste cuando estuviste, entonces, sobrevives. Pero la televisión es ingrata y hay que actuar rápidamente."

Un Último Consejo

Los consejos de Mateu me han acompañado a toda hora, especialmente en los días cruciales de julio y agosto del 2005, y algo más: No hay pesadilla que me aterre más ni situación que me produzca más dolor que ver a tantos ex famosos en medio de la miseria, cuando en sus tiempos vivieron extraordinariamente, rodeados de lujos. Eso les sucede a artistas, periodistas y deportistas. Los fracasos de estos personajes son más notables que los de otras personas que tienen profesiones menos públicas, por las condiciones en las que vivieron mientras tuvieron dinero y lo gastaron, en muchas ocasiones haciendo una gala inaudita, por tanto, el último consejo viene de Raúl, alguien que ha conocido a muchas personas que vivieron la gloria y el ocaso: "Lo más importante es ahorrar el dinero y entender el papel que cada uno tiene donde trabaja. Hay que entender que en general la gente que trabaja en las industrias que dan fama y fortuna está muy bien pagada en comparación con el resto de los negocios y las carreras, y que también uno no debe asumir que eso va a durar para siempre. Si todo lo que tienen que ofrecer es cara y nada más, no les queda otra opción que renovarse o quedarse con lo que lograron inicialmente, entonces tendrán que estar preparados para lo que eventualmente puede convertirse en un shock, el momento en que te digan: 'gracias, pero no te necesitamos más.' Entonces tendrán que empezar a vivir con lo que tenían ahorrado."

Por tanto, para no ser ex famosos en cualquier oficio, la solución radica en perder el miedo al reto, en luchar y reinventarse a diario, recordando la filosofía de la reina Celia Cruz.

"Mi vida es cantar y para seguir haciéndolo pienso cada día en cosas nuevas, y de esa manera mantenerme vigente y renovada. Mi vida es cantar y no pienso retirarme nunca."

Y nunca se retiró.

23

Cómo Sobrevivir a un Ex

A punto de terminar este libro, y pensando sobre todos los ex que había descrito, traté de hallar un consejo para lidiar con la pérdida que deja como herencia a un ex. Éste llegó a través de la experiencia de la psicóloga Belisa Lozano-Vranich, editora de relaciones humanas de la revista *Men's Fitness,* autora de libros y una profesional con una exitosa carrera en Nueva York, quien me dio la sencilla respuesta con palabras claras: "¿Cómo sobrevivir a un ex emocional? Es una pregunta complicada," dice Lozano-Vranich, "yo también me cuestioné lo mismo durante mucho tiempo, especialmente luego de tratar a pacientes que se sienten víctimas y que necesitan tener una tarea que los mantenga ocupados para poder desterrar el mal de amores. Así fue que encontré mi propia técnica para sobrevivir esa crisis que requiere de tareas emocionales y de un tratamiento formal para la recuperación a lo largo de tres etapas: lo práctico, lo emocional y lo personal."

Lo Personal

"Es la parte psicológica de la relación. Hay que examinar lo que quisimos de esa persona que se fue, hay que localizar específicamente la cualidad que nos hizo enamorarnos, porque la gente responde siempre: 'yo lo quería a él en general,' y esa no es la respuesta. Hay que mencionar las cosas precisas y reconocer esa característica que me atrae del que se fue, que es una cualidad que no sólo era suya y que puedo encontrar también en otra persona. Después, hay que analizar porque nos gustaba tanto esa característica en especial. Generalmente, así se van encontrando los traumas que se originan por situaciones que se han vivido muchas veces en la adolescencia, por tanto hay que reconocer los patrones en las parejas que escogemos y como estos se relacionan con nuestra familia (quienes fueron o son nuestros padres)."

Ejercicio #1 El Príncipe Azul

"Yo hago que la gente defina lo que era su 'príncipe azul' cuando eran adolescentes y cómo ese 'príncipe azul' ha cambiado con la madurez. Y si el 'príncipe' no ha cambiado, entonces ahí puede estar el problema del porqué no funciona una relación. Podría deberse a que uno va corriendo hacia esa persona con la que soñamos durante mucho tiempo para que sea quien nos llene el vacío que tenemos en la vida y cuando se va el 'príncipe,' entonces se lleva consigo la parte que tanta falta nos hacía. Localizando al príncipe de los sueños es que comienza a sanar uno. Hay que trabajar para llenar el vacío y realizarse como individuo."

Ejercicio #2 Hay Que Aprender Algo

"¿Qué fue lo que nos enseñó el que se marchó? Por ejemplo, si de adolescentes nos sentíamos feas y el hombre que teníamos nos hacía sentir bonitas, cuando él se va y nos sentimos feas otra vez, hay que dibujar lo que queremos ser y lograr ser bellas sin él. ¿Cuál fue la lección que nos dejó el dolor? Esa es la enseñanza que hay que aprender luego de cada ruptura. En el caso de la violencia, por ejemplo, que el abuso en general es algo que no se debe tolerar. La humildad para aceptar las lecciones es lo que engrandece."

Lo Práctico

"Es la parte de la verdad en la relación. Ser honesta, ser honesto y no ser dramáticos, encamina a recuperarse de las heridas sentimentales. Por ejemplo, nos ponemos a repetir a cada momento, 'no puedo vivir sin él,' nos ponemos a llorar, escuchamos canciones románticas que nos entristecen más y más. La solución radica en cambiar lo que uno se dice a sí mismo. Por ejemplo, si yo me repito: 'Es que estoy súper triste sin él,' así serán las cosas. Hay que dejar el drama de una relación para las telenovelas. Así que cuando veas que te estás poniendo como una actriz o un actor de telenovelas, tal como si se tratara de sintonizar un televisor, cambia inmediatamente el canal. Hay que reconocer que otras veces se trata de la costumbre de haber estado con alguien por muchos años, pero que finalmente ya la relación no funciona."

Ejercicio #1 Desintoxicar el Ambiente

"Limpiar la casa emocional y físicamente da un consuelo inimaginable. Yo le digo a los pacientes que sufren del mal de amores que pinten, que muevan las cosas de lugar en su casa y en la oficina para que la energía cambie. Les prohíbo que se pongan a escuchar música romántica y triste, en su lugar, por ejemplo, los estimulo a que oigan y canten las canciones de Gloria Gaynor como 'I will survive,' que es un himno a la supervivencia."

Ejercicio #2 Consentirse

"Si tú no comienzas queriéndote, nadie te va a querer. Como durante el proceso de ruptura baja la serotonina del cerebro, es decir, la sustancia que produce una sensación de bienestar y calma, y esto puede durar por un periodo corto o largo, durante este lapso uno se siente enfermo. Ese es en verdad el mal de amores que es terrible y donde hay que consentirse, tratarse bien. Comprarse flores, regalarse algo. A lo largo de mis años de experiencia, he observado a muchos pacientes que cuando se sienten mal por dentro, se tratan mal por fuera, y las cosas deben ser al revés. En ese momento debemos tomar un descanso. Por ejemplo, el insomnio es terrible, nos pone mal físicamente. Si el paciente no puede dormir y ha sentido los síntomas de depresión por más de dos semanas, entonces siempre bajo el cuidado del médico deberá analizar la posibilidad de tomar medicinas para poder dormir, trabajar y funcionar correctamente durante el día."

Ejercicio #3 Llevar un Diario

"Sólo haciendo una recopilación de lo que hemos vivido, pensando profundamente y escribiéndolo, ¡muy importante! Es-cri-bien-do, es como llegamos al entendimiento de lo que ha pasado y de cómo el 'sueño' se ha roto. Escribir diariamente las emociones principales es un paso importante para sobrellevar la tristeza y el dolor."

Lo Social

"Es el factor más externo de la recuperación, pero no menos importante que los otros dos. Hay que entender que un ex da paso a un capítulo nuevo en la vida, por tanto hay que replantearse el futuro. Hay que ver con quien y donde se pueden hacer amigos, también hay que examinar a qué amigos dejamos a un lado durante la relación que terminó y tratar de recuperarlos."

Ejercicio #1 Capítulo Nuevo

"Hay que repetirse constantemente: 'Tengo que hacer renacer mi interés social.' Muchas mujeres y hombres ante la ruptura, hacemos cosas que nunca antes nos hubiéramos atrevido. Así que salir a buscar y a hacer algo que ayude a nuestra autoestima. Lo básico en el 'capítulo nuevo' de la vida es volver a los amigos y hacer cosas que nos devuelvan la autoestima."

Ejercicio #2 Hacer la Lista

"Es muy probable que exista una reunificación con el ex con el que creíamos que habíamos terminado, y esto se basa en estudios que afirman que la ruptura, generalmente, no se da a la primera, sino que tiene que pasar varias veces hasta que los protagonistas se harten y sobrevenga el rompimiento total. Lo que uno tiene que hacer cada vez que haya una reconciliación es escribir una lista de razones que causaron la ruptura. ¿Por qué? Porque el cerebro, especialmente el cerebro femenino, olvida y perdona. Entonces hay que escribir una lista de las cosas que uno quiere que el otro haga y también de las que no va a aguantar más. Se necesita la lista antes de volver a la relación. Que yo sea psicóloga no me hace inmune a sufrir con una ruptura, y recuerdo que con un ex mío sin la lista nunca me hubiera dado cuenta de que mi pareja no había hecho ni la mitad de todo lo que prometió para volver."

Ejercicio #3 Adictos a las Rupturas

"Mucho cuidado en caer en este tipo de adicción de romper y volver una y otra vez. Es un fenómeno que ocurre más frecuentemente de lo que imaginamos porque en esto interviene la misma parte del cerebro que rige las adicciones a la droga y por tanto, cuando el cerebro reconoce este tipo de sentimiento, lo capitaliza haciéndonos adictos de esa sensación y por ende de la relación."

Hasta aquí la valiosísima asesoría de la psicóloga Belisa Lozano-Vranich, valiosa por doble razón: es una mujer joven y bonita que sufre y siente como cualquier otro ser humano ante un problema, y por ende nos entiende a la perfección. También porque Belisa siempre está en busca de soluciones prácticas para acortar el sufrimiento, a fin de cuentas, según sus propias palabras, "Sobrevivir a un ex no es únicamente un asunto de empacar maletas y marcharse sin mirar atrás."

24

Lecciones de un Buen Ex

Suena a sacrilegio, y se ve peor, escribir estas líneas antes de la mejor crónica sobre cómo ser un buen ex que para este libro hizo uno de los mejores periodistas contemporáneos que ha conocido la noticia en México: Félix Cortés Camarillo, un hombre que al margen de su agitada vida periodística, en lo personal ha lidiado exitosamente con todo tipo de ex sentimentales. Pero aunque se vea mal, tengo que escribir esto para explicarle que pocas veces pueden convivir tan bien y con tanta armonía en torno a una mesa, un marido, una esposa, una ex esposa y los hijos y amigos de ambos, tal y como sucede con la familia de Félix, por tanto, sus anécdotas se convierten en un tratado oficial de cómo llevarse bien con un ex (o como acertadamente él lo llama), en "El manual del divorciado feliz."

Obviamente, para Bertha
por encima de todo y de todas.

Pero también para las otras mujeres
que por mi vida han pasado.

POR FÉLIX CORTÉS CAMARILLO

Durante muchos años me he divertido hablando de los méritos que el matrimonio tiene en eso de la felicidad, si el estado perfecto del ser humano es estar divorciado, hay que reconocer que para ser divorciado hay que casarse primero.

De ahí a decir que la principal causa del divorcio es el matrimonio, hay sólo un paso.

Todos sabemos que es una broma de mal gusto. Ya lo dice el buen libro que no es bueno que el hombre esté solo; leo en el primer capítulo del Génesis, "dejará el hombre a su padre y a su madre y allegarse ha a su mujer y serán una sola carne." Como buen lector de la Biblia, nunca entendí de qué manera Adán, que no tuvo madre ni padre iba a dejarlos a los dos para allegarse a su mujer; pero como buen lector de Shakespeare, que me enseñó aquello de la bestia de dos espaldas, me gustó siempre lo de unirse en una sola carne.

Y eso también es felicidad.

El problema con la felicidad es que los humanos queremos entenderla como un estado duradero e inmutable, apacible y sin conflictos, puerto seguro al que se llega tras una corta travesía y con escasa navegación y que se puede disfrutar sin problemas ni trabajos. Esa felicidad no existe ni en las telenovelas, ya que debieran narrar lo que pasa después de las telenovelas. Ya quisiera ver a la Cenicienta resistiéndole a su Príncipe un aliento mañanero después de una noche loca de copas o al Príncipe recogiéndole a su esposa las alpargatas, que no son precisamente de cristal.

El Mago de Oz cuenta la historia de Dorothy, una niña que la tormenta arroja a una tierra mágica donde se encuentra a un espantajo, un león y un hombre de hojalata. Cuatro seres que recorren juntos una vereda amarilla buscando la felicidad, una felicidad que cada uno imaginaba de diferente forma: Dorothy quiere volver a su casa; para el león la felicidad era el valor, el espantapájaros quiere un cerebro para ser feliz por el camino del raciocinio y el hombre de hojalata quiere un corazón. Todos encontrarán lo que buscan cuando lleguen a donde el mago de Oz. El mago es, al final del sendero de losetas amarillas, un vejete farsante y mentiroso. Sin embargo, cada uno encontró en el camino lo que le hacía falta: valor, inteligencia, sentimientos. La felicidad no es lo que se alcanza sino lo que se busca, y no se encuentra al final del camino. La felicidad es el camino mismo y el arte de recorrerlo.

Por eso, la felicidad no puede ser otra cosa que su búsqueda: un rosario de momentos fugaces y sentimientos grandiosos que se van, dejando si acaso un buen aroma, un sabor rico, la sensación de una caricia, un recuerdo grato. Buscar la felicidad es como rezar el rosario. La verdadera felicidad consiste en la habilidad para pasar de una de esas perlas a la siguiente, venciendo a cada momento las frustraciones, los malos alientos, las tensiones y los enojos de los que está lleno el camino.

Hablando de Mujeres y Traiciones

Pocas cosas hay más desagradables que escuchar la queja de un divorciado o de una divorciada hablando mal de su ex pareja. De pronto, al cabo de poco o mucho tiempo, les comenzamos a encontrar sus tremendos defectos, sus ineficacias y, naturalmente, sus maldades, sus imperfecciones y su perfil satánico. Pero, ¿no fuimos nosotros los que las escogimos (o los escogimos) para compartir una aventura que iba a ser duradera?

Yo no puedo hablar mal de ellas.

Porque fui parido por una mujer y porque sin el concurso de las mujeres no hubiera tenido el deleite inigualable de la vida eterna, el de ser padre. Todas esas mujeres han sido importantes. Desde Guadalupe, mi madre, hasta Sascha y Renata, mis hijas. Porque todo lo que sé y lo que soy lo aprendí de y se lo debo a mis mujeres. Bertha, en primerísimo lugar, luego las demás. Hermanas, condiscípulas, vecinas, amigas, sueños, novias, amantes, esposas, imposibles, hijas, maestras, compañeras de trabajo, secretarias, alumnas, empleadas, jefas, encuentros casuales y causas bélicas. Alguna, tal vez, quiso reducirme a nada. Todas, hicieron de mí todo lo que soy. Por eso yo no puedo hablar de mujeres y traiciones.

Después de todo, nunca firmé un acta de matrimonio ante una escopeta cuata en manos de un suegro ofendido y presionando las costillas de mi espalda, ni jamás me metieron a la cama con una mujer por la fuerza. Por el contrario, todos iniciamos una pareja con entusiasmo y placer, muchos con la esperanza de un compromiso a largo plazo y todos convencidos de que somos los autores de la decisión. Creía, perfectamente equivocado, que yo era el que escogía, que la decisión de integrar una pareja la había tomado yo, que yo llevaba el timón desde el comienzo. Nada más falso.

Para los otros animales todo es mucho más sencillo y desde la apariencia está todo definido, el macho siempre es el más bello de la pareja. ¿Qué tiene que hacer la mañosa, indolente y aburrida vaca frente a la soberana elegancia esbelta del toro? ¿Cómo podríamos comparar la simpleza torpe de la gallina con la gallardía de su pareja? Poner al pavo real orondo y extendido en su magnificente belleza a competir con una pava apocada y parda parecería un chiste de mal gusto. Hasta los caballos son más bellos que las yeguas, los focos que las focas, los venados que las venadas, los carneros que sus hembras, los cabrones que las cabras.

Los machos están mejor dotados por la naturaleza porque son ellos los que tienen que enamorar a las hembras, los que tienen que despertar su deseo con la belleza de su pelambre o plumaje, con el sonido de sus bramidos, el flujo de sus feromonas o el ritmo de su danza. Ellas, las que deciden, las que escogen, las que desde que entran a la discoteca ya tienen designado al que se van a llevar a la cama, simplemente observan con displicencia el desfile de los bellos machos, sobre una pasarela inexistente.

El único animal que no es más bello que su hembra es el humano. Aún así se pavonea, tratando de captar la atención de las mujeres que habrán de seleccionar al menos pensado.

Pero sea quien sea el que elige, nadie puede llamarse engañado, todos hicimos lo que hicimos por nuestra propia y sagrada voluntad. Por eso, al hablar mal de nuestras parejas perdidas estamos hablando mal de nosotros mismos. Respetemos a aquel o aquella que una vez llamamos vida, amor, cielo, cariño, gorda, vieja, pichoncito y gordo, por lo menos para darnos una muestra de respeto a nosotros mismos.

La que Se Fue

Por eso, aunque nos cueste mucho, y mucho es lo que cuesta, debemos ver a las mujeres y los hombres que estuvieron al lado nuestro como estaciones en el camino. Yo he pasado más de la mitad de mi vida viviendo en otros países, en lugares diferentes a aquel en que nací. Igualmente, las personas son como los sitios en donde hemos vivido: no hay un lugar perfecto. Algunos sitios tienen buen clima y pésimos servicios, otros son aburridos pero están llenos de gente grata. Hay parejas divertidas, cariñosas, inteligentes, comprensivas, sensuales, amigables, discretas cuando es necesario y exuberantes cuando se requiere. La mujer que todos buscamos es la que es capaz de ser al mismo tiempo, pero sucesivamente también, novia, amiga, hermana, fan, compañera, amante, esposa, madre, hija, maestra, alumna, lavandera, enfermera, ídolo y plañidera.

La que no puede ser todo eso, es simplemente la que se fue. O para el caso, el que se fue; los que se fueron, vaya.

Si te Vienen a Contar Cositas Malas de Mí

Vera era una muchacha con la tendencia eslava a la redondez, la cara redonda y el cabello rubio, que le llegaba a las nalgas. Sus ojos tenían ese verde color gargajo casi irrepetible. Era una mujer talen-

tosa que se inscribió para estudiar escenografía en la Facultad de
Teatro de la Universidad Carolina de Praga, entonces Checoslovaquia. Tenía gracia, y sobre todo ese cabello dorado; cuando la vio el
mexicano que nunca había salido de su pueblo y a sus 19 años añoraba todo y se sentía solo en la beca europea, lo único que recordó
fue cómo se había enamorado de Debbie Reynolds y todas sus
películas, con su cabello color de miel que le llegaba a las nalgas.
Después de nuestra primera relación sexual le ofrecí matrimonio.
La idea le encantó porque no tenía idea. No teníamos idea.

Nos casamos en la alcaldía de la Ciudad Vieja de Praga; Karel
Schubert, el padre, refunfuñó y no fue a la boda. Marie, la madre,
lloró en la ceremonia. Ambos habían soñado para su hija un marido excepcional. Mirek Petr, su novio anterior, era el mejor candi-
dato. Félix era un extranjero que eventualmente querría llevarse a
su hijita a un país lejano y extraño que se llamaba México, donde
mataban a los toros y se comían a los niños, la diarrea era institu-
cional y los pleitos se resolvían a machetazos. El muchacho no
podía proporcionar una casa y el sustento adecuados.

Además, era negro.

Vera se embarazó de Richard por accidente, como se embara-
zan todas las jóvenes. Ella vivía con sus padres, mientras su marido vivía en un cuarto modesto pero amplio. El matrimonio
formado por Félix y Vera se veía en las clases de historia del teatro
y escenografía; al final cada uno tomaba su tranvía a su casa.
Cuando Richard nació, se llama así en honor a mi padre, como
todo primogénito de primogénito, yo lo veía como los divorciados:
los fines de semana seleccionados al azar. Filip, nuestro segundo
hijo, fue un intento tonto de rehacer una relación que nunca exis-
tió, un matrimonio a distancia. Luego de la graduación en la Universidad nos divorciamos. Yo seguí viendo a mis hijos como los

divorciados, una vez cada fin de semana que mis suegros querían. Luego vino la invasión de Checoslovaquia por los soviéticos y Vera escapó con un enamorado al extranjero. Los jueces le dieron la custodia de Richard y Filip a sus abuelos. Los vi menos. Cuando regresé a México los borré del inventario hasta que 20 años más tarde me localizaron por medio del directorio telefónico en mi casa en México. Vivían en Canadá, cerca de la casa de su madre Vera, pero lejos de ella. Nos volvimos a ver, para conocernos. Hoy son excelentes amigos míos, quieren mucho a mi familia y a la suya también. Casi se han olvidado de su madre.

Creo sinceramente que si los padres de Vera no se hubieran metido en la vida de su hija y su marido, las cosas pudieron haber sido bellas. Richard es un loco genial dotado en las artes visuales, Filip es un músico de primer orden que toca en la Orquesta Sinfónica de Linz, en Austria. Entre ambos, con el concurso de algunas mujeres, me han regalado seis nietos que veo poco y quiero bien.

No Pudo Ser, Después de Haberte Amado Tanto

Margitta nació en Leipzig, Alemania, y se encontró con el padre de sus hijos en la cafetería de Radio Praga, en Checoslovaquia. Ella trabajaba en las emisiones de onda corta en alemán; él en las emisiones en español. Él venía de un divorcio del que no quería acordarse, ella de otras separaciones. Ambos eran muy bellos; se fueron a vivir juntos sin pensarlo mucho, como se hacen a veces las cosas importantes. Tanto, que cuando le dije que las cosas no tenían futuro, que eso no podía seguir así, y que nos teníamos que separar le moví el universo. Yo recordaba aquello del cuarto modesto y la negritud y el país de la diarrea y los toros y los niños asados. Esto no va a ningún lado, le dije; yo no voy a quedarme a morir en este país, yo me regreso a México, que es mi tierra. Allá no tengo un gran futuro porque soy periodista y director de teatro. Soy graduado de una universidad comunista y en el México de 1967 lo que sonara a comunista sonaba mal, como ahora. Siendo periodista y director de teatro en México puedes sobrevivir solamente si te corrompes. Yo no te puedo ofrecer eso.

"Me caso y me voy contigo," dijo.

No sabía lo que le esperaba.

Con su hijo Félix de seis meses de nacido, hoy un escritor de primera y un ser humano excepcional, tuvo que dormir en Tlatelolco, en un departamento prestado por Andrés Saavedra, en donde todo el mobiliario era un burro de planchar, dos sillas, una cuna de bebé y un colchón tirado en el suelo de la recámara principal. Supo lo que era caminar de Tlatelolco al Sears de la Colonia Condesa porque su suegra, mi madre, le quería comprar en la tienda donde le fiaban unas sábanas para su cama. Tuvo que usar unos zapatos prestados de Esther González, amiga y pintora de primera, porque los suyos, los únicos, se deshicieron en la lluvia camino a un coctel al que íbamos colados.

Margitta conoció la pena de que mi jefe en el periódico *El Universal* nos "invitara" a una comida en su casa para lucirnos como una alemana bella y un mexicano preparado que hablaba esa lengua extraña que se llama checa y que podía hablar inteligentemente de Kafka, Louis Aragon, Tolstoi o Dalí, además de haber estudiado en Europa, también sabía cocinar y hacer pasar jaiboles de Ron Castillo por bebidas de whisky.

Pero Margitta vivió la transformación de su marido, de ser un desempleado que viajaba en camión a ser un importante personaje de la televisión informativa de México que tenía choferes. De ser el jefe de redacción de Jacobo Zabludovsky en su noticiario, fui seleccionado por Emilio Azcárraga Milmo como su gurú informativo y político. La posición subió de inmediato y el dinero un poco después. Alexandra Margitta Cortés Schöler, llamada Sascha, una de las niñas más bellas que yo he visto, y he visto muchas, nació entonces.

Margitta empezó a notar cosas; su hijo Félix había nacido en el hospital Apolinarska de Praga, rodeado de tanques rusos en la invasión de Checoslovaquia en 1968. Su padre no estuvo ahí. Cuando en 1972 nació Sascha, su padre tenía dolor de muelas. O algo así, pero tampoco estuvo.

Lo cierto es que Margitta se había enamorado en Praga de un señor romántico, inteligente, atento, culto, moreno y guapo que era cortés, amable, cariñoso y cuidadoso. Ahora tenía por esposo a un hombre importante, inteligente, temido o respetado, pero también un borrachín, se les dice calavera cuando tienen dinero, que salía de su casa a las siete de la mañana a trabajar y regresaba a las tres de la mañana a la casa porque al terminar su trabajo tenía mesa de pista todas las noches en el Señorial junto a Fernando Alcalá, Abraham Zabludvosky y Joaquín López-Dóriga. Y en el mundo de la televisión, decían y dicen, hay muchas tentaciones para los hombres con poder.

El tema es que, en el momento en que uno de los cónyuges, el hombre o la mujer, considera que ya tiene segura su propiedad empieza a dejar de cuidarla. Ya no hay una flor aquí sin motivo alguno, un paseo romántico, un te quiero nada más porque sí, tal vez un beso.

Ése es precisamente el mayor peligro que toda pareja debe evitar: la cotidianeidad. Cuando la pareja se convierte en un mueble más, en una parte del inventario de la casa, en una cosa, algo que se da por descontado, por lo que uno no debe preocuparse nunca más. Aquí estás y no te vas. Dijo Agustín Lara que el hastío es pavo real que se muere de luz en la tarde. Contra el hastío no hay enamoramiento que aguante. Si, además, alguien desde fuera empieza a demostrar atención, afecto, cortesía y caballerosidad, todo está hecho. Más bien dicho, deshecho.

Un buen día, con la misma seguridad con que había decidido casarse conmigo, Margitta me anunció que nos divorciábamos. La amenacé, le rogué, le juré que iba a cambiar, le hice ver que los hijos necesitaban a sus dos padres juntos, le mentí. Nada. La decisión estaba tomada. Nos divorciamos firmando todos los papeles una mañana, sin rencores ni agresiones.

Félix tenía siete años, Sascha tres. Desde el día del divorcio, ninguno de los dos escuchó a su madre hablar mal de su papá, ni al contrario, a pesar de que los que fueron pareja de ella tal vez lo hubieran festejado. Sascha y Félix aprendieron a querer y respetar a sus padres y a comprender que, simplemente, lo mejor había sido continuar cada uno por su lado. Hoy, Félix y Sascha quieren profundamente a su padre y adoran a su madre; resistieron con ella los intentos de alguien que quiso convertirse en padre postizo y son amigos de Bertha, mujer que tuvo la sabia virtud de conocer el tiempo. Margitta es amiga nuestra y nos visitamos con respeto y afecto. Todos coincidimos en el gran cariño a Renata, de idéntica belleza a la de Sascha, que tiene el papel más confuso: media hermana de Richard, Filip, Félix y Sascha, tía de Saschi, Isabella,

Otto, Oliver, Maia y Maximilian Ricardo. Todos sus sobrinos, menos Max, son mayores que su tía.

Pero el Divorcio, Porque es Sagrado, No Te Lo Doy...

María Clara es una actriz mexicana que no es mala; pensó que casándose con un vicepresidente de Televisa, que como buen promiscuo era solitario, tenía su carrera triunfal garantizada. A mí me importaba un pito tener un papel firmado más o un papel firmado menos. Cuando ella se dio cuenta de que el plan no le había funcionado, se negó a firmar el otro papel, el del divorcio; consiguió un certificado de incapacidad médica y por seis años cobró un porcentaje alto de mi sueldo. Cuando el divorcio se logró, la salud afortunadamente le regresó.

Fue una broma de mal gusto.

Nomás que en la Apuesta, Yo Puse y Perdí

La resistencia a las separaciones no tiene nada que ver con el amor. Mentimos cuando decimos que no puede ser después de haberte amado tanto, que todo el tiempo y las experiencias compartidas no merecen este final, que los hijos procreados en común nos necesitan juntos, que merecemos una segunda oportunidad, que la familia, que las hilachas.

Uno no quiere separarse porque hacerlo es aceptar un fracaso personal, único, con nombre y apellido. Yo no puedo permitirme, ante mí mismo, la imagen de perdedor después de todo, vinimos a este mundo para triunfar y las separaciones no son un triunfo, aunque nos la pasemos diciendo que fuimos nosotros los que emprendimos el vuelo, los que dejamos, los que rompimos, los que abandonamos.

Guárdame el Resto, Pa Comprarme un Alipuz

El segundo más desagradable aspecto de las separaciones, dicho aquello de hablar mal de los fantasmas reales del pasado, es la disputa por lo económico. Cuando el hombre o la mujer pretende en la separación, cobrar por los servicios prestados como cónyuge se está poniendo a la altura de las o los que venden caro su amor. Uno de los secretos para conservar el respeto de la ex mujer es cumplir con las obligaciones de manutención, para el desarrollo y la educación de los hijos. Las pensiones hacia las exes y los exes, son a mi modo de ver una forma de prostitución actualizada.

Mira Como Ando Mujer, Por Tu Querer

Descontando la muerte, hay pocas cosas de lo que puedo decir que estoy completamente seguro. Una de ellas es que Bertha nunca va a ser mi ex esposa, salvo que ella lo decida por aburrimiento o por que llegue a enamorarse de otro, cosa de lo que me enteraría. Tengo la edad para ello. Pero Bertha durante más de veinte años ha sabido ser amiga, compañera, amante, novia, esposa, cómplice, madre, enfermera, paciente, hija, hermana... en el momento oportuno. Sabe callar cuando es prudente y dar un grito cuando se necesita. Aguanta las carencias más extremas con el mismo gusto como sabe disfrutar los lujos más suntuosos. Lleva su reloj Rolex Cellini de oro acompañado de unas sandalias de seis dólares de Wall-Mart, con un gran señorío. Condujo su Mercedes SLK 450 cuando hubo para él, con la misma elegancia con que viajaba en el metro de la Ciudad de México.

Será una gran viuda como es una gran madre complaciente.

Mis Hijos, Tus Hijos y Nuestros Hijos

Alguien me recordó hace mucho tiempo una frase de Próspero Merimée sobre el matrimonio: dice que el matrimonio es como un viejo mesón español. Sólo recibes ahí lo que tú mismo hayas traído. El asunto es que uno nunca llega a la pareja con las manos vacías. Siempre traemos en el bagaje recuerdos, experiencias, rencores, afectos, taras y defectos, vicios y virtudes. En mi caso, hijos.

Honestamente, creo que no hubiera podido desarrollar una buena relación con mi mujer, si ella no fuera capaz de tener una buena relación con los hijos que llevan mi apellido y son de otras mujeres. Tal vez no estuviéramos hoy casados ni tendríamos a nuestra hija Renata.

Siempre Podrás Contar Conmigo

Lo que me lleva al fondo de todo este asunto.

Cualquier afecto, amistoso, filial, amoroso o de cualquier tipo, necesita dos piernas para poder caminar: una es el respeto y la otra es la admiración. Yo no puedo, tú no puedes, nadie puede, querer como amigo, como hermano, como amante, como esposa, a alguien a quien no respete y que no admire.

No, no hay error.

No se necesita ser perfecto, pero siempre tiene que haber un enorme respeto por la otra persona y tenemos que haber encontrado algo admirable en ella. Puede ser la inteligencia, la voz, el buen humor, las piernas, la paciencia, las manos, la solidaridad, los ojos, o la sonrisa.

De respeto y admiración se hace el buen amor.

Y de otro ingrediente importante: la sabiduría para adaptarse.

Los científicos explican la desaparición de los dinosaurios por un cataclismo sucedido en América hace miles de siglos. Un enorme meteorito se estrelló contra la tierra en la península de Yucatán en México, cerca de un sitio llamado Chibchulub. El impacto fue tan grande que elevó una enorme nube negra que ocultó durante meses al sol. La tierra se enfrió de tal manera que los dinosaurios, y toda vida dependiente del calor del Sol, desapareció. Yo creo que los dinosaurios se acabaron porque no supieron adaptarse a la nueva realidad. El secreto de la vida, del trabajo, del amor, de la salud, es saber adaptarse a las circunstancias que la vida, el trabajo, el amor o la salud nos van planteando. El que no se adapta, como los dinosaurios, se muere. El que no sabe adaptarse a las condiciones de una relación humana, pierde esa relación.

Rata de Dos Patas

En el verano de 1946 tuvo lugar la operación Cruce de Caminos en un atolón, esto es un grupo de pequeñas islas del Pacífico Sur, que tiene el sugestivo nombre de las islas Bikini. El primero y el 25 de julio se hicieron detonar dos bombas, cada una de 25 kilotones, sobre esas islas para investigar los efectos de una explosión atómica en barcos, equipos y material; algunos experimentos incluían el uso de animales vivos. Cuando se hubo disipado la nube radioactiva y los hombres cubiertos de pesados trajes protectores llegaron a investigar las consecuencias del arma nuclear, se encontraron con que había dos seres que habían sobrevivido la fuerza de las explosiones. Las cucarachas y las ratas. Su capacidad de adaptarse al severo cambio y al nuevo ambiente les salvó la vida. Cuando se haga verdad lo que dice el Apocalipsis, es probable que sean precisamente las cucarachas y las ratas las únicas que sobrevivan al fuego divino.

Extrañamente, las cucarachas y las ratas tienen características que sólo se encuentran en el ser humano: son omnívoras, es decir comen absolutamente de todo, igual que el hombre. Se les encuentra en cualquier tipo de clima y condición, igual que el hombre. Mantienen sistemas complejos de comunicación entre sus individuos, igual que el hombre. Viven en comunidades organizadas e inteligentes, tal como el hombre cree que vive. ¿No debiéramos aprender algo más de esos animalitos?

La capacidad de adaptarse, por ejemplo.

25

En Qué Terminó la Historia

Probablemente usted haya imaginado que en medio de tanta clasificación de exs el final de mi propia historia con el "vendaval soviético" quedó sepultado en el olvido, pero se equivocó. Como todos los cuentos, este también tiene que terminar. ¿En qué me había quedado en el segundo capítulo? Ah, en que luego de una serie de intentos de mi parte por acercarme a Ana, la hija rusa de Fabio, finalmente la niña me dijo en mi cara lo que sentía: "Usted no es parte de mi familia. Familia somos mi papá, mi mamá, mi hermano y yo, por tanto, si mi mamá no va conmigo a cualquier parte a la que ustedes me inviten, no iré." No quiso entender nada más. No le interesaba saber que su padre y su madre estaban divorciados por decisión de la madre desde que ella había nacido y que Antón, criado por el padre, aceptaba con gusto las decisiones sentimentales de Fabio, donde semejante esquema impuesto por la filosofía rusa no tenía cabida. No quiso entender que el odio contra mí y contra su padre no tenía mas razón que el odio injustificado que su madre sentía, pero en esa ocasión no caí en la provocación. Ignoré lo que me dijo y me prometí no volver a intentar hacer nada para acercarla a donde no quería estar. Nada de regalos, nada de ropa, nada de invitaciones de mi parte. Con esto en mente, y armada de los consejos de Sarita Ríos, mi amiga, la asistente dental en Miami, decidí que inteligentemente tendría que corregir la debacle a la que mi matrimonio se encaminaba si yo seguía jalando la cuerda de un extremo, y la rusa y la rusita por el otro.

Así, cuando Fabio quiso salir solo con su hija, yo no forcé el estar presente. Cada vez que eso sucedía, Fabio mismo me llamaba para que los alcanzara en algún restaurante, y delante del padre, quien me daba mi lugar, todo era más o menos cordial, pero cuando la madre se encontraba cerca, la muchacha volvía a su agresividad con la mirada de odio y la gastada cantaleta de que la madre tendría que ir en el "tour" como parte de la "familia" que eran o que ella simplemente no saldría con su padre.

Una noche, luego de una letanía sobre lo mismo, Fabio me dijo que había hablado muy claro con ella. Le explicó por centésima ocasión que yo no tuve que ver en que el matrimonio terminara, ya que después de la rusa, él se había casado con "la furia caribeña" y que por lo tanto no debería ser grosera. Le explicó sus razones para la separación y el divorcio de su matrimonio y el porqué de que su madre decidiera quedarse en Rusia con ella recién nacida, algo en lo que él mismo, y Antón su hermano fueron víctimas. En este punto, porque la madre ya estaba presente, ambas dejaron claro que a pesar de todo, conmigo no querían nada. Como esto sucedió en casa de mis suegros, mi cuñada Yuyita fue testigo de la discusión a voz en cuello.

"Sin saber ruso, esa niña y su madre estaban como fieras contra Fabito. Ahí no hubo la ternura de una chiquita que luego de muchos años de no saber de su padre, quiere de pronto establecer una relación con él. Ahí no hubo nada de eso, ¡qué va! Ahí solo hubo rabia y furia. ¿Cómo era posible que una muchacha de trece años, que no ha convivido con su padre, tenga esa actitud con él? ¿Qué era lo que la madre le metía en la cabeza para odiar y dividir, en lugar de tratar de ser cariñosa y ganar adeptos? ¿Cómo enseñarle que con esa falta de respeto puede lograr algo del padre?"

Yo decidí hacer oídos sordos, y pensé que faltaban sólo dos semanas para que se fueran de regreso a Rusia, aunque para mis adentros la arrogancia inaudita del par de personajes me dejó boquiabierta. Tuvieron suerte porque Fabio, por no herir a Antón, no tomó medidas drásticas. Y yo hice lo mismo.

¿Que no me quieren? Ni modo. Eso sí, con suavidad no le cedí a la rusa mi terreno. No hubo más carreras del noticiero al patio de la casa de mis suegros para vernos de frente, yo con mi marido en mano. No. En realidad no tuve necesidad de hacerlo porque él entendió las jugarretas y me dio mi lugar, algo que me hizo quererlo aún más, y tampoco le recriminé nada de lo que seguía sucediendo. Sobre todo, entendí la difícil posición de Antón, para quien, al final del día, los dos personajes eran su madre y su hermana, que cabe aclarar, tampoco fueron cariñosas ni gentiles con el muchacho, pero eso es cuestión de ellos, no mía.

Total, que con tantos lavados de cerebro que me daba a diario, las cosas entre Fabio y yo comenzaron a mejorar y así pasaron los días… hasta que llegó el momento de la despedida. Fabio y Antón, haciendo un último esfuerzo, quisieron que todos juntos almorzáramos y después fuéramos al aeropuerto a dejarlas. Como llevaban tantas maletas de regreso, con todo lo que se les había comprado,

Antón colocó parte del equipaje en nuestro auto y acordamos al-
canzarlos en el restaurante. Al llegar, los muchachos y su madre
estaban de lo más entretenidos...hasta que aparecí en el panorama. De inmediato, "el vendaval soviético" me torció la boca mirándome con odio jarocho, y la niña, antes de darme la espalda me
clavó su mirada de puñal. Fue tan obvio, que Fabio, de pronto, comenzó a hablarles en ruso, y tampoco necesité hablar el idioma
eslavo para entender que se trataba de un pleito entre ellos tres.
Finalmente, en inglés, para que todos entendiéramos, mi marido
dejó en claro su postura como padre: "Ana, tú siempre vas a te-
nerme. Nunca te faltará absolutamente nada que necesites y sabes
donde encontrarme. Quisiera que convivieras con nosotros, con
María Antonieta y conmigo, quisiera que vinieras a nuestra casa
de vacaciones, pero tú sola, como debe ser entre hijos de padres
divorciados. Como ya te he explicado, tu madre no tiene porque
estar con nosotros. En estos años ella y yo no hemos tenido la
menor relación. Tú tienes la edad suficiente de viajar a casa de tu
padre como lo hacen miles de muchachos en tus mismas circunstancias, y siempre serás bienvenida. Si no lo quieres, será triste que
pierdas la oportunidad de compartir con nosotros, pero las cosas
tienen que ser tal y como las he vivido con Antón. Ojalá lo entiendas, y ese día seremos todos muy felices." Fabio se levantó de la
mesa no sin antes dejarle dinero y otras cosas que su hija le había
pedido. De parte de ella no hubo el menor intento por abrazarlo
o por lo menos pedirle una disculpa, o un gesto que mostrara su
arrepentimiento, y Antón, que adora a su padre, de inmediato lo
siguió hacia la salida del lugar. Como me quedé detrás, "el vendaval soviético" me lanzó la última andanada en un perfecto español, mirándome con el mismo desprecio con el que siempre mira
a Fabio.

"Usted tiene que entender que familia somos mis hijos, Fabio y yo, y en eso nunca entrará usted. Yo no la quiero cerca de mi hija." No le respondí absolutamente nada y salí a la calle. Ahí me topé con Antón a quien comenté lo que su madre recién me había dicho. Cariñoso, simplemente me respondió: "Me cansé de hablar con ellas para que cambiaran su actitud y no logré nada. Sé como te sientes, pero me quedo fuera del problema porque ellas no han querido entender."

Poco después, en autos separados fuimos al aeropuerto a llevarles las maletas que estaban en nuestro auto. Paradas en la puerta, ni siquiera nos dirigieron una mirada... tomaron su equipaje y se metieron en el edificio. Con su partida, una sensación de alivio nos invadió a todos nosotros. Había sido una guerra inútil donde finalmente pude sobrevivir.

Haciendo el recuento de lo vivido, volteo a ese pasado tan inmediato y me aterra pensar que pude haber perdido en medio de un impulso, no sólo la década que Fabio y yo ya hemos pasado juntos, sino nuestro futuro, pero entiendo que finalmente todo ha sido parte de ese doloroso proceso de sobrevivir a un mal ex, que se convirtió en mío también. No sé que me depara el futuro porque no hay que tener una bola de cristal para imaginar que seguramente el soviético personaje volverá a la carga. Lo que sí sé es lo que de entrada haré: ¿Quiere pelea? Perfecto. Que la tenga, pero con "la furia caribeña" a quien le debe el haberse quedado sin marido y divorciada en un abrir y cerrar de ojos desde Miami hasta Rusia.

Pero hasta ahí. Se acabó la telenovela que por repetitiva me cansó. No volveré a permitirle abusar de su papel de ex esposa. Que no me calcule mal, que no vuelvan impunemente las malas caras, ni las ofensas, ni mucho menos sus maquiavélicos juegos que nos dejaron extenuados a todos. Si quiere algo en esta familia, entonces será ella la que con respeto y buena voluntad se gane el sitio que nunca tuvo.

Y por mi parte con la experiencia que ganamos Fabio y yo en los dos amargos meses de la estancia soviética en el verano del 2004, le doy mi receta infalible para lograr superar los daños que a su paso deja un ex. ¿Que la persiguen, la insultan, la acosan, e intentan terminar con lo que usted tiene? No pelee como ellas o ellos quieren, sino con inteligencia. No ceda a los impulsos, y simplemente repita a toda hora lo que en los momentos de desesperación se convirtió en mi mantra permanente:

"Que nada ni nadie me robe mi paz"…Y verá que así será.

Miami, Florida, 11 de Septiembre de 2005

Mil Gracias

A Raúl Mateu, Pedro Bonilla, Raymundo Collins, Antón Fajardo, Antonietta Collins, Antonio Joan Sala, Inés Marina "Yuyita" Fajardo, Jorge Rey Fajardo, Camilo Egaña, Laura Rey Egaña, Miriam Leyva, Félix Cortés Camarillo, Jaime Escandón, Mary Díaz, Dra. Rebeca Fernández, Dra. Belisa Lozano-Vranich, Diana Lambert, Victoria Amy, Teresa Rodríguez, Edna Schmidt, Gabriela Tristán, Adrianna Collins, Gloria Hincapié, Teresa Safié, Guadalupe Focil de Merizalde, Alina María Hernández, "Cachita," Héctor y Rosa Elena Scheleske, Sarita Ríos, abogada Ana María Polo, abogado James Blancarte, abogado Mario Lovo, María Elena Salinas, Tina María Salinas, Ofelia y Francisco Rodríguez, Gio Alma, Catriel Leyras y Blanca "La Chata" Tellería.

Pero También con Todo el Alma

Mi eterna gratitud a mis más fieles seguidores en estos cinco libros, que siempre, antes que nadie, han conocido lo que he escrito. Dumbo, Tropical y Leonardo, mis caninos colaboradores, así como a Pepe Cabecita, Lupillo y Botas, los desvelados inquisidores felinos que me acompañaron en todo el proceso.

Y al Más Valiente...

Fabio Fajardo Estrada, marido y socio en esta vida. El que ha soportado mis neurosis recurrentes a lo largo de cinco libros, y quien seguramente, si quisiera, bien podría escribir "La guía de los maridos valientes de las mujeres que escriben libros," con todo mi amor.